平凡社新書
880

戦場放浪記

吉岡逸夫
YOSHIOKA ITSUO

HEIBONSHA

戦場放浪記●目次

はじめに

そろそろのんびりと好きなテーマだけ取材していこう、そう考え始めた矢先、死の宣告を受けた。六十五歳になったところだった。末期の膵臓《すいぞう》ガンと診断されたのだ。

のんびりどころか、「ガン」という新たな戦場の最前線に立ってしまった。一度は高熱にうなされ、「もう死んだほうがマシだ」と思い、生きることを諦めた。しかし、闘うしかなかった。取材ではなく当事者としてガンと向き合うことになった。

私の病気との闘い方は、普通とは違った。まずは、「徹底的な糖質制限」「高濃度ビタミンC点滴」という治療法を選んだ。糖質はガンの餌であり、ビタミンCはガンキラーであるという研究結果と、それで生還した患者がいるという事実に着目した。

しかし、それらはいわゆる「標準治療」ではないため保険適用外だ。大学病院や公立病院ではほぼ採用されていない。発覚時すでにステージⅣで手術不適合、放射線治療不適合、唯一抗ガン剤という選択肢しか与えられなかった私は、本を読み漁り、何人もの医師に会い、高額なサプリメントにも手を出した。

効くか効かないかわからない抗ガン剤治療で、ただ副作用に苦しみながら延命するというシナリオは避けたかった。ガン難民を実感する毎日だった。権威に対抗するゲリラ兵のような気分だった。

発覚から四か月ほど経ったある日、ビタミン療法を手がけるクリニックの縁で別の公立病院に行きついた。最初の公立病院で「できない」と言われていた放射線療法が可能との診断だった。光が差した。

病院によって、また医師によって判断が、そして技術力が大きく異なることを知った。現在もその病院で治療を続けている。

思えば、ジャーナリストとして多くの戦場を取材して回る中、何度も命を落としそうになった。それでも六十歳を過ぎるまで生き残っているのは運がいいのかもしれない。

人はいつも死や病気や怪我というリスクを抱えながら生きている。われわれは日常の中にも戦場のような非日常を抱えている。そして、戦場は意外にも日常とつながっている。

私は、東欧の崩壊、湾岸戦争、イラク戦争、アフガン空爆、カンボジア内戦、ルワンダ内戦、エチオピア革命、ミャンマー難民キャンプ、ハイチの大地震など、さまざまな戦場や辺境を取材してきた。訪問した国は六十九か国。出版したルポルタージュも二十冊を超え、監督した戦場ドキュメンタリー映画も五本になった。

だからといって、私は戦場ジャーナリストになりたくてなったわけでもなく、映画監督になりたかったわけでもなかった。生きる流れの中で、そうなってしまったのである。「そんな適当な気持ちで、戦争を取材されては困る」という世間の声が聞こえてきそうだが、実際、何の使命感もなく、いきあたりばったりで戦場取材を続けてきた。たとえて言えば、町の八百屋さんのような普通の人の感覚で戦争を取材してきた。そういう目線だから伝えられるリアルな姿があると思っている。

私が肝に銘じていることがあるとすれば、「ジャーナリストは、火事場の一番前で、後方の人たちに状況を伝える」ことである。そこに「戦争反対」や「平和を祈る」などのメッセージは必要ない。確かにそういった感情は人間として必要かもしれないが、情報を伝える際には、むしろ邪魔になる。だから、事実にしか興味がなかった。そして、プロの目線よりも素人の目線を大事にしてきた。普通の目で見たままを伝える。それを心がけてきた。

戦場取材ではサバイバル能力が求められるが、私の場合、現実の生活がまるで戦場のように厳しく、サバイバルの連続だった。「生活がサバイバル」というのは、まずは子ども時代を極貧の中で育ったということが大きい。四歳で母を亡くし、父も十七歳の時に亡くなった。満足な食事がとれず、毎日栄養失調で死ぬのではないかと不安だった。学校給食だけが頼りだったので、嫌いなものでも残さず食べた。好き嫌いなど言っていられない。貧困がサバイバル能力を磨いた。

父亡き後、私は勉強にも身が入らず、大学受験にも失敗した。それでも兄が助けてくれ、東京の写真専門学校に入学・卒業することができた。しかし、金もなく、学歴もなく、コネもない私は、生きていく自信がまったくなかった。「こんな日本は嫌だ。世界のどこかで野垂れ死にしたい」と願い、青年海外協力隊員となって日本を飛び出した。結局、野垂れ死ぬことはなく二年の任期を終え帰国はしたものの、日本社会に適応できるはずもなかった。

職を転々とし、兄弟からは勘当され、世界を放浪。結婚しても離婚や借金苦が待っていた。

そんな私を救ったのは戦場だった。私を飛躍させたのも戦場だった。そこは、それまでの私の日本での日常よりはるかに快適だった。

食べていくために二十七歳で新聞社のカメラマンとなった。七十人もいるカメラマンの中で英語をしゃべれるのは私一人だったためか、戦場取材が得意分野となった。

「もうカメラはいい。もっと違う人生を歩みたい」と思って四十三歳で記者に転向したが、再び戦場に行くことになった。五十歳になり、新聞記者の傍ら映画を制作した。

不謹慎な言い方かもしれないが、戦場は私を鍛えてくれ、好奇心を満たしてくれた。そこでの極限状況は、世界や人類のことを考えるには十分過ぎる環境であった。私はいつの間にか「戦場ジャーナリスト」「放浪記者」などと呼ばれるようになっていた。

私は、偽善が嫌いだ。だから、見たこと聞いたことを正直に書く。それは真実を追究するジャーナリスト、ノンフィクション作家の姿勢だと思っている。綺麗ごとは不要だ。

私にとって、表現とはガス抜きであり浄化でもあった。表現という場が与えられていなかったら、〝秋葉原事件〟のように人を殺していたかもしれない。私が犯罪者にならなかったのは、書くこと、撮ることで感情をコントロールできていたからだと思う。

本書では、戦場取材を振り返り、戦場とはどういうものかを体験に基づいて書いてみたい。戦争を知らない人たちに、リアルな戦争のことを知ってほしい。そして、生きること自体が戦争のようなものだと自覚してほしい、サバイバル能力を磨いてほしいと思うのだ。

第一章

衣食住足りてスクープを為す

アフガンの首都カブールの市場で見つけた川魚

なぜ自衛隊員に日本食が必要なのか

戦場取材をするにあたって最も重要なことは、衣食住だ。衣食住がしっかり整っていないと、戦争どころではないし、取材どころでもないのだ。そこにははっきりとしたノウハウがあり、それがきっちりとできていないと取材戦争にも勝てない。

二〇一六年、私は第二次世界大戦時の最後の激戦地であるルソン島（フィリピン）山岳地帯を訪ねたが、そこで聞いた日本兵の最後に悲惨なものだった。まったく衣食住が整っていなかったのだ。

特に食糧に至っては、まったく補給がなく、現地調達。そのために、現地通貨を真似た偽札を作って、それで食糧や物品を調達したという。しかし、その偽札さえも補給されなかったり、飢えのために、その偽札や軍票そのものを食べたりしている。人肉を食べたという記録もある。そんな状況下で敵と戦えるわけがない。だから、多くの日本兵は飢えやマラリアや赤痢で死亡した。日露戦争を制したものだから、精神性だけで戦争に勝てると思ったのだ。

その反省からか、現代の自衛隊はすべて自己完結できるように訓練されている。だから、自衛隊がカンボジアやルワンダ、ハイチや南スーダンなどの海外に派遣される時、必ず炊

自衛隊員のハイチでの食事風景

事班があり、部隊の食事を作るし、風呂も自分たちで設置する。食事は日本食、風呂も日本式に湯船につかれるようになっている。われわれ報道陣はといえば、食事は現地で調達しなければいけないし、冷たいシャワーだけということも多い。

その意味では、自衛隊より報道陣のほうがよほど過酷だった。たとえば、カンボジアPKO（国連平和維持活動）の時は、報道関係者は現地食ばかり食べていたので、多くは定期的に腹を下していた。ルワンダ難民支援の時は、ホテルが二軒しかなく、報道陣に選択の余地はなかった。食事は毎日同じようなメニューで、みんな飽き飽きしていたし、お湯が出ないので、冷たいシャワー。それも泥水のように濁っていた。

そこで記者たちは、何か用事を作っては、自衛隊の宿営地に行き、日本食を食べさせてもらったり、風呂に入れさせてもらったりしていた。中には、そのために毎晩宿営地に通っている記者もいた。「そんなに自衛隊と馴れ合っていたら、公正な記事が書けない。いざという時に自衛隊批判もできなくなってしまうのではないか」と心配になるほどだった。

だから、私も当初は「自衛隊員はいつも安全なところにいて、日本食しか食べない」などと過保護を非難するような書き方をしていたが、自衛隊員と話しているうちに、あることに気がついた。それは、自衛隊員が安全に最大限気を遣うのに当たり前だということである。安全を考慮しない軍隊など、どこの国にもないだろう（自衛隊が軍隊かどうかの議論は別だ）。

軍の中で、病気なり戦いなりで、一人犠牲者が出たとする。すると、その影響は一人だけにとどまらず、軍全体に波及する。だから、軍はリスクを可能な限り排除しようとする。それは、いざという時、最大の力を発揮するためである。

軍隊は、五十年か百年に一回あるかないかの有事のために毎日鍛錬する。彼らが力を発揮するのは百年間のうちのたった一日だけかもしれない。その一日に兵隊が腹をこわしていたのでは百年はまったく無駄になる。それは、報道陣が腹をこわしているのとは意味が違う。

日本食をとることは、自衛隊にとってはいわば、自己完結という〝思想〟なのだ。

記者はどこで眠る

では、われわれ記者が、戦場でどのような生活をしているかを紹介しよう。

戦場取材を成功させるために最も重要なこと、それもやはり衣食住なのである。生活基盤がしっかりしていないと、取材どころではない。だから、私は戦場へ行けと命じられた時、まず衣食住の環境を調べる。

たとえば、ルワンダ派遣の時など、全く状況がつかめなかったので、野宿用のテントまで用意した。目的地は、ザイールのゴマという小さな町。何を食べているのかさえわからなかった。しかし、過去の経験から、どんな小さな町であろうとレストランはあるし、なければ、家を借りて自炊か、現地の人に作ってもらえば大丈夫だと思っていた。幸い、私に好き嫌いはない。

現場では現金がものをいう。いざとなれば、家を購入することまで考える。戦地はクレジットカードなど使えないから、米ドルを現金で持っていかなければならない。だから私は、どこの戦地に行くときも、ウエストポーチにはいつも一万ドル（約百万円）以上入れていた。盗賊に狙われないように、かなりの緊張感をともなう。機能的だが目立たない服装で、現地になじんで溶け込んでいるように振る舞わなければならない。そして一人で行動するのを避ける。

「衣」に関していえば、現地で購入するのはできるだけ避け、日本で用意したほうがいい。現地で買おうとすれば、時間がかかるし、サイズが合わず選択肢も少ないからだ。

一番肝心なのは、いつも上着を一枚余分に持っているということ。海外は、日本と違って、寒暖の差が激しいところが多い。砂漠性気候の国など、昼間は暑いが、夜は猛烈に寒い。

東南アジアなど、冷房が効きすぎている場所も多い。風邪は万病の元だから、まず上着を羽織って予防しなければならない。ユニクロのダウンジャケットや寝袋は重宝する。ダウンや寝袋があったおかげで、空港で二泊したこともあれば、ギリシャの山奥やアメリカで野宿したこともある。寝袋持参であれば一泊一ドルで泊まれるホテルもあった。

また、これはサバイバルというよりリフレッシュ対策だが、私は旅をするとき、必ず持っていくものがある。海パンとゴーグルである。暑い場所では、一日中海パンで過ごすこともある。プールや川や海があれば、簡単に気分転換ができる。

「住」についてだが、ルワンダ取材の時には、幸い私より一週間先に共同通信のカメラマンが行くという情報が入ってきたので、そのカメラマンに電話した。面識はなかったが、私は次のように話した。「私もゴマに行きますが、あなたのほうが一週間早く現地入りします。そこでお願いがあります。到着したら、空いていれば、私の部屋もとっておいてください。部屋代は、私が到着したら、すぐ一週間分を払いますから、立て替えておいてください」

彼が快く了解してくれたので、私は現地に着いたその日から、寝床を確保できた。使ってもいないのに、前もって一週間分のホテル代を支払うことなど、その後の住み処を確保する苦労に比べれば、どうってことない値段なのだ。

アフガニスタンの時もそうだった。私は、タジキスタンから軍のチャーターヘリでカブール入りをしたのだが、入れるとわかった時点（五日前ぐらいだったと思う）で、カブールにすでに入っていたフリーランスの集団アジアプレスのビデオジャーナリストに国際電話をかけ、ホテルの部屋をとっておいてくれるように依頼した。

カンボジアのPKO取材では、民家の二階を借りて、取材基地とした。

ちなみに、自衛隊員は、われわれが普通に使う「一泊二日」とか「三泊四日」という言い方はしない。彼らは「一夜二日」「三夜四日」と言う。なぜなら、夜でも寝ないことがあるからだ。彼らは一晩や二晩は寝ずに活動できるように、日頃から鍛えられている。何も鍛えていない私は「二夜三日」が限界だった。

記者は戦場で何を食べる

では、次に食事はどうするか。これも仕事に大きく影響する。途上国は衛生状態が悪いので、日本人が病気になるのは簡単だ。

基本的に現地のものを食べる。大都市のきれいなレストランはたいてい大丈夫だが、問題は田舎に行ったときだ。

私は、まずレストランの厨房《ちゅうぼう》に入る。先進国では厨房には入れてくれないだろうが、途上国では、まず大丈夫だ。厨房に入り、材料の新鮮さなどを見る。肉は腐っていないかどうか。魚は、目やエラの色を見て、新鮮かどうかを見極める。野菜もシャキッと元気のいいものを選ぶ。そして、「これと、これと、これを使って料理してくれ」と頼む。今まで、それでレストランの人に文句をいわれたことはない。

初めてのレストランだと、料理が出てきても私は半分しか口にしない。それで腹をこわさなかったら、翌日は全部食べるといった具合だ。

生水を飲まないのは言うまでもない。水を飲むぐらいだったら、現地の酒を飲んだほうが安全だ。発酵すれば悪い菌は死滅する。エチオピアの山奥では、現地のローカルビールを飲みながら山歩きをしたものだ。

ミネラルウォーターがあれば、それでもいいのだが、当時のカンボジアなど、ミネラルウォーターでも下痢をする始末。だから、カンボジア産ではなく、割高だが輸入品を飲んでいた。ミネラルウォーターがあれば、歯磨きにもそれを使う。

東南アジアやアフリカ、中東などは暑いから、ついコーラなどをガブガブ飲んでしまいがちだが、甘い炭酸飲料は飲み過ぎると体が疲れやすい。できれば、現地のお茶を飲んだほうが疲れにくい。お茶は煮沸《しゃふつ》消毒済みだから安心だ。

東南アジアなどで気をつけなければならないのは、フルーツ。物売りがよく美味しそうなフルーツをカットして売りにくるが、カットしたものは気をつけたほうがいい。彼らは、よく川の水などをカットフルーツにかけてみずみずしさを装っている。その水が危険だ。

氷も店によっては危ない。どんな水を使っているかが問題だからだ。外国人が多く入っている店はまず安全。現地のお客は免疫ができているから、少々の水では腹をこわさないが、外国人はそうはいかない。つまり、外国人はリトマス試験紙というわけだ。

ルワンダ取材当時、私はカメラマンで、記者と一緒に虐殺現場に行く手配をしていた。その現場は、ザイールとルワンダの国境で、山の頂上だった。マラリア蚊の生息する地域で、何時間も山を登らなければならなかった。当日、私は予防薬を飲まないことに決めた。マラリア予防薬は肝臓に負担がかかる。飲んでしまえば自分の体力では山を登り切れないだろうと思ったからだ。

ところが、記者は予防薬を飲んでいた。一緒に登り始めたが、一時間もしないうちに、記者はへたばってしまった。結果、現場まで行けたのは、私だけだった。

虐殺現場のルポはスクープになったが、予防薬を飲む、飲まないが明暗を分ける格好となった。

アフガンで探す〝日本の味〟

アフガン空爆のあった二〇〇一年十一月のことだった。われわれジャーナリストたちは、アフガンに入国できたものの、一週間もするとたいてい腹をこわし、下痢をした。原因は油だった。アフガンでは食事を作るとき、動物性の油を使用するので日本人にはどうしても重い。ただでさえ、毎日ナンとシシカバブか鶏肉のソテーばかりでうんざりしているところに重い油だ。たいてい参ってしまう。

私は、例によって厨房に入り、卵を見つけると、「オムレツではなくボイルドエッグ（茹で卵）にしてくれ」と頼む。ジャガイモがあれば、「フライドではなく、ボイルドポテトに」と作り方を指示する。茹で卵や茹でた芋に日本から持参した醬油をかけて食べれば、たちまち日本の味に早変わりする。海外への長期出張に携帯用の醬油は欠かせない。

ある日、アフガンの首都カブールの市場に行ったとき、魚の行商を見つけた、山岳地帯のアフガンで魚を売っているとは思ってもみなかった。聞けば、川で捕ったものだという。「いつ捕った?」と訊くと、「今朝捕ったばかりだ」という。魚を見ると、三十センチほどあり十分に大きい。魚の目も濁ってはいないし、えらも赤身が強いので新鮮そうだ。「よし、買った」と二匹手に入れた。もう一匹は通訳に食べさせようと思った。ホテルに帰り、レストランで料理してもらうように通訳に指示した。

シェフは「嫌だ」と断ってきた。理由は、魚は臭いから料理したくないということだった。「じゃあ、どこでもいいから料理してもらってきて。調理代は払うから」と通訳に告げた。三十分もすると通訳が戻ってきた。油で揚げたようで、包んだ紙が油で滲《にじ》んでいる。「よし、レストランで皿だけ借りてランチにしよう」。揚げ物になってしまった点は気に入らなかったが、アフガンで煮つけなど望むべくもない。久しぶりの魚というだけでありがたい。私と通訳はレストランでライスだけ注文し、並んで食べた。通訳も満足そうだった。

二日後、ホテルのレストランのメニューを見ると、驚くことに魚フライが載っていた。通訳は給仕に魚料理が加わった理由を聞いた。実は、私と通訳が食べている様子をシェフが厨房からうかがっていたそうだ。あまりに二人が美味しそうに食べるのと、他の客から「あれが欲しい」と要望があったのだという。

さらに数日後、メニューに茹で卵とボイルドポテトも加わった。私は現地の食習慣を意図せず変えてしまった。しかし、それぐらいしないと耐えられないほど、長期取材にとって食事は大切なのである。

食べ物のエピソードをもうひとつ。

ルワンダ難民を取材した時のことである。偶然、他の日本人ジャーナリストたちと一緒にザイール・ゴマの難民キャンプに行った。難民キャンプの中にも暮らしがあり、ホテルや酒場までできていた。といっても、掘っ立て小屋で簡素なものだ。表に「HOTEL」と英語で看板が出ているだけだ。

どうしてキャンプにホテルが必要なのか。どんな人が利用するのかわからない。それにしても、余裕のある難民がいるものだと感心した。

バーの出現には通訳のルワンダ人が大喜び。さっそく入って地酒を飲み始めた。バーの横には焼鳥屋のように美味しそうな煙を吐く小屋が。香りに誘われ店を覗いてみた。肉はニワトリではなく羊だった。赤身が美味しそうに焼けている。私も食べてみた。美味い。地酒も飲んでみた。いける。むしゃむしゃと食べていると、後ろから強い視線を感じた。日本の記者たちだった。記者たちは、怪訝《けげん》な顔で私のほうを見ている。

――そうか。それが日本の常識か。

日本の常識では、難民の食べる料理などは口にしないものなのだ。ただでさえ、不衛生で病気が多い難民キャンプで、難民の作った食事などを口にするのは、とんでもない行為なのに違いない。

しかし、私から言わせると、そんなことはない。新鮮な肉であれば、どこで焼こうが安心なのである。火を通せば、たいていの病原菌は死んでしまう。地酒も発酵しているから問題ない。

カレーライスと戦争

われわれが毎日口にする食べ物。その中には、戦争と地続きのものもたくさんある。

まず挙げられるのがカレーライス。もともとインド料理だが、今や最もポピュラーな日本の家庭料理になっている。

では、最初にカレーを日本に持ち込んだのは誰か。答えは海軍だ。横須賀海軍カレーとして売り出されているのはご存じだろう。

なぜ海軍はカレーを持ち込んだのか。その前に、明治時代、日本が軍隊を作るに及んで、軍隊の主食を白米にするか麦飯や玄米にするかという論議があった。「白米にしよう」と唱えたのが、森林太郎《りんたろう》、つまり森鷗外だ。彼は陸軍の軍医だった。その議論は白米派が勝利したので、当時の海軍も白米を主食とした。

ところが、白米を主食とすると困ったことが起きた。ビタミンB_1不足のため脚気《かっけ》が増えて、戦闘どころではなくなったのだ。当時はまだ、脚気の原因が解明されていなかった。だから、脚気予防の方法が見つからなかった。

軍医の高木兼寛《かねひろ》は考えた。なぜ英国海軍には脚気がないのか。食べ物のせいなのかもしれないと考え、英国海軍のメニューを見た。すると、カレーライスが多いことに気づいた。英国はインドを植民地化していたから、料理人にもインド人がいたのはうなずけるし、カレー料理も多くなったに違いない。香辛料には、防腐作用や殺菌作用があるから、船の上での食事としては最適だったのかもしれない。

それで、日本海軍も真似てカレーを作り始めた。カレーには、ジャガイモ、にんじん、タマネギ、肉が入っている。これがきっと脚気予防にいいのだろうと日本海軍は考えた。しかし、毎日カレーでは飽きるので、同じジャガイモ、にんじん、タマネギ、肉を入れて、醤油で味付けをした料理も作るようになった。「肉じゃが」だ。

兵隊たちも、皆カレーの作り方を覚えた。そんな兵士が休暇や退役して実家に帰った時、彼らは「母ちゃん、今日は俺が美味しい西洋料理を作ってやるよ」といって作ったのがカレーライスだった。そうやって全国に広まっていったのだ。

一九三六年二月二十六日。陸軍の青年将校らによって総理官邸や警視庁が占拠されたクーデター未遂事件、二・二六事件の時、彼らは、最後の食事として、帝国ホテルの中庭でカレーライスを食べたというから、陸軍にもカレーは広まっていたということがいえる。

ラーメンが日本で普及した理由

ラーメンも戦争と深い関係がある。まず麵の最初は化粧であったことをご存じだろうか。漢字の「麵」は、「麦」へんにつくりとして「面」がついている。つまり、麦は顔に塗るものであったのだ。つまり化粧だ。白い粉を顔に塗ったと思われる。それが宗教的儀式であったのか、女性のおしろいであったのかはわからないが、人類学者はそう述べている。

日本にラーメン（中華麵）が入ったのは、明治時代の横浜や神戸の外国人居留地であったと思われる。今でも、そこには中華街が残っていることからわかる。俗説に、日本で最初にラーメンを食べたのは水戸黄門、ということがいわれている。黄門は無類の麵好きで、「明《みん》から亡命してきた儒学者の朱舜水《しゅしゅんすい》から学んだ」という。

日本でラーメンが爆発的に広がったのは、第二次世界大戦後だ。日本を占領した進駐軍（GHQ）は、日本が食糧不足だとわかっていたから、大量の小麦粉を持ってきた。ところが、来てみて気づいたのは、日本の家にはオーブンがないことだった。だからパンが作れない。かろうじて学校給食でパンを普及させたが、大量の小麦粉が余ってしまった。余った小麦粉は安く闇市場に流れていった。

闇市場で途方に暮れていたのが、満州帰りの元兵隊たちだった。彼らの中にラーメンの作り方を覚えてきた者がいた。その元兵隊たちが安い小麦粉を使って、見様見真似でラーメンを作り、屋台で売るようになっていった。これが日本人の胃袋を満たしたのである。

インスタントみそ汁の誕生

日本の国民食といえるみそ汁。「味噌」の文字が文献に登場するのは奈良時代で、弥生《やよい》時代にもあったという説もあるが、インスタントとなるとどうだろう。インスタントは最近の話だろうと思われるだろうが、実は相当古い。戦国時代に登場している。

よく戦国時代の合戦のシーンに出てくる足軽が、当時すでにインスタントみそ汁を食していた。足軽は、腰に縄を結んでいる。あの縄は、芋の茎で作られているのだが、戦場では、縄に焼いた味噌を染み込ませていた。彼らは、みそ汁を飲むとき、どうやってお湯を沸かしたのか。実は、足軽が頭にかぶっている三角形のヘルメット「陣笠」を逆さにして鍋代わりに使った。下から火を焚きお湯が沸いたら、腰縄をほどいて鍋の中に入れる。インスタントみそ汁の完成である。縄そのものも芋の茎でできているから栄養はある。

では、当時の主食は何だったのか。米などの穀類を乾燥させたものを水やお湯で戻して食べたようで、後に乾燥させたものは「せんべい」に変身したようだ。

兵士たちの常備食には梅干しも使われた。変わったところでは、秀吉は、兵士たちに胡《こ》椒《しょう》を持たせ、夜に動くときには目を覚まさせるために、胡椒をかじらせたという。

海外の戦争ではどうだろう。まず、ユーラシア大陸に広大な領土を広げたチンギス・ハーンは腐らない携行食である「干し肉」を兵士に持たせ、ナポレオンは、世界で初めて「缶詰」を作らせた。戦地は保存食の発祥地といえる。

大航海時代の船乗りたちは何を食べていたのだろうか。主食はパンではなくビスケットだった。ビスケットは、「二度焼き」という意味で、パンを乾燥させて二度焼くと日持ちがする。おかずで主なものは、タラなどの魚の塩漬けである。水も日持ちが悪いので、船乗りたちはもっぱらビールを飲んでいた。ビールは発酵しているので腐りにくいのだ。海賊の鼻は、いつも酔っ払っていたために赤かったのかもしれない。

ことほど左様に食べ物と戦争は関係が深い。

クラス四十人の法則

衣食住以外にも、戦場記者にとって重要なことがある。それは、通訳兼ガイドの選び方である。ガイドの選定を間違えると、取材で負けるどころか、命取りになることがある。戦場取材の経験のない記者は、わざわざ通訳を日本や近隣の国から連れて一緒に入ることがある。しかし、私に言わせれば、その必要はほとんどない。なぜなら、紛争中の国に入れば、通訳やガイドの仕事を求めて向こうからやってくるからだ。

私がタジキスタンからアフガンに入った時は、タジキスタン空軍のヘリをチャーターして、北部同盟の基地に到着した。すると、基地の前に通訳やガイド、そして車と運転手があふれていた。より取り見取りだ。こちらで良さそうなガイドと運転手を選ぶことができた。

ところが、反対側のパキスタンからカブールに入った記者がいて、彼は、わざわざパキスタンからアフガン人の通訳を高い飛行機代を払って連れてきていた。パキスタンには、大勢のアフガン難民が住んでいるから、ガイドは見つけやすいのはわかるが、無駄遣いもはなはだしい。その記者の連れてきたガイドは、一年以上も前にアフガンから逃げた難民だった。そんなアフガン人が持っている情報は古いので、使い物にならない。それに、途中で「使えない」と思っても、わざわざ連れてきているので、なかなかクビにできない。おまけに、帰りの飛行機代まで払ってやらなければならない。ガイドは、現地で見つける に限るのだ。

私の場合、基地の前で見つけたとしても、最初は一日しか契約しない。その一日でガイドを見極めるのだ。良さそうであれば、「明日も来い」といえばいいし、ダメだったら、「明日は来なくていい」といえばいい話だ。「では、翌日から困るではないか」という疑問を持つだろうが、翌朝にはホテルの前に再び通訳・ガイドの仕事を求める人たちがたむろしている。彼らは、どこで聞きつけるのか、外国人ジャーナリストの居場所を知っているのだ。何しろ、外国人ジャーナリストが通訳・ガイドに支払う日当は、百ドル前後。現地の人たちからすると、それは一週間か一か月分の給料なのだ。一攫千金を狙って集まるわけである。

アフガンやルワンダでは、私は一度に三人のガイドを雇った。ディスカウントをして百ドルで三人分だ。一人は常時私と一緒に行動し一日五十ドル。一人は、記者会見専門の通訳で一日三十ドル。記者会見はたいてい英語で行われるが、私の英語力では正確性が心もとない。だから、会見専門の通訳に録音させておいて、会見後その通訳が英語でテープ起こしをするのである。同じ英語でも書き文字であれば内容は把握できるからだ。

では、もう一人の通訳は何をするか。泳がせておくのである。一日二十ドルで現地の人にしか伝わってこないような情報を集めさせる。その中に本当の特ダネがあれば、プラスアルファを払う。そうすると、私のところには通常の三倍の情報が入ってくることになるのである。

どうやって通訳・ガイドの善《よ》し悪《あ》しを判定するのか。これが最も大事なことである。まかり間違えば、人質として売られることもあり得るから、危険極まりない。そんな時、私は「クラス四十人の法則」を使う。

日本の小学校、中学校、高校は、だいたい一クラス四十人。不思議なことだが、四十人もいると、一人ぐらいは、ずば抜けて賢いやつや頭の悪いやつがいる。また、美人もいればそうでない者もいる。ひょうきん者やオタクもいる。それはだいたい同じ割合でいる。驚いたことに、これは世界、どの民族を見ても同じ割合でいるのである。最初は、色の黒い人たちは、皆同じように見えるが、次第に見分けがつくようになる。そのうちに、自分と友達になれそうなやつとそうでないやつは瞬時に見分けがつくようになる。

一番肝心なのは、信用できる人間かどうかである。

また、「クラス四十人の法則」とは別の大事な要素もある。それは「殺気」の有無だ。悪いやつには殺気というものがある。特に人を殺したことのある人間は、それが目に出ている。人を殺《あや》めたことのある人間と、そうでない人間は明らかに持っている雰囲気が違う。私は、それを殺気と称しているが、そういう人間を見たら、近づかないようにしている。簡単に言えば「人を見る目」だが、それは経験を積めば積むほど養われる。だから、戦場取材には、経験が大事なのだ。

第二章

エチオピア革命が私を育てた

アディスアベバのゼネスト。銃撃戦に巻き込まれた

銃声の洗礼

二〇一六年、リオデジャネイロ五輪の男子マラソンで銀メダルを獲得したエチオピアのフェイサ・リレサ。彼はゴールする寸前に、両手を掲げ、頭上で腕をクロスした。あれは、エチオピアの現政権に対する抗議の印だ。自身の故郷オロミア州における政治弾圧に対する抗議を意味し、母国の反体制派の活動家や政治犯が手錠をかけられた姿を表しているとされる。オリンピックにおいて、政治行動を持ち込むことは禁止されているが、この時はお咎《とが》めなしだった。しかし、彼はその後エチオピアに帰ることはできず、政治難民として米国で暮らしている。

現在のエチオピアは連邦共和制で、一見民主的だが、中では部族対立が激しい。エチオピアには約八十の部族があるが、現政権を支配しているのはアムハラ族で、リレサのように異議を唱えているのが、オロモ（ガラ）族。この構図は、私がかつて最初に見たエチオピアと変わりないように見える。

私が戦場というものを経験したのはエチオピアが最初だった。一九七二年、私は青年海外協力隊員としてエチオピア国営テレビ局に派遣された。職種はカメラマン。テレビのニュースやドキュメンタリー番組をエチオピア人スタッフと一緒に制作していた。

任期中の一九七四年に革命が起きた。帝政から軍事社会主義政権への移行である。予兆は一年前からあった。飢餓である。エチオピアの飢餓は世界的に有名になった。それはエチオピアの北部八州で起こった干ばつの影響で、十万から二十万人の餓死者が出た。当初、エチオピア政府は、そのことを隠していた。ところがイギリスの国営放送局ＢＢＣが、それを暴いたことで世界に知れ渡ったのだ。

ＢＢＣが告発してからというもの、飢餓のニュースは徐々に広がった。やがて、骨と皮だけの飢餓難民の写真と、自分が飼っているライオンに肉の餌を与えている皇帝ハイレ・セラシエの写真が並べられたポスターが街中に張られるようになった。そこには、飢えで苦しむ人民は無視するが、自分のペットであるライオンには肉をたんまり与えているという強烈な皮肉が込められていた。国民の皇帝や政府に対する不満は高まっていた。

追い打ちをかけるように、前年のオイルショックが、急激なインフレを引き起こした。ガソリンの値が五〇パーセントも上がり、それに呼応して諸物価も上がった。即座に反応したのが、タクシー運転手とバス会社。彼らはストライキを起こし、それは、教員や学生たちのデモを呼んだ。やがて全国の労働組合も加わり、参加者十万人に上るゼネラルストライキへと発展していった。

首都アディスアベバ市の中心街で住民たちによるデモ行進が始まった。私は、テレビ局

アディスアベバのメインストリート。奥の白い建物にテレビ局がある

のムービーカメラと私物のスチールカメラを手に飛び出した。プラカードを掲げた何千人もの人々。いまだかつて、この国でこんなに人民が声を上げたことはない。私は夢中で撮影した。

その時、軍隊のトラックが数台止まったかと思うと、荷台に乗っていた兵隊たちが、バババババーンといきなり発砲した。私は、思わず身を伏せた。人々は蜘蛛《くも》の子を散らすように逃げ回り始めた。兵隊が追いかける。銃声があちこちで聞こえる。私は伏せたまま立ち上がる勇気が出ない。しかし、このままでは兵隊に捕まってしまう。それどころか撃たれてしまう。後方に兵隊の姿が見える。私は意を決して立ち上がり、全力で走った。恐怖が全身を駆け抜けた。私は狭い路地に入り、兵隊を巻くように何度も曲がった。写真を撮るどころではない。銃声がまだ聞こえる。私は、ある男の言葉を思い出していた。

君は、報道写真を撮ってはいけない。

君は、報道写真を撮ってはいけない。

君は……

「俺は一体何をしているんだ。何を撮れっていうんだ。こんな時、あの男は何を撮るんだ」

私は逃げ惑いながら、叫んでいた。それが戦場での洗礼だった。

岡村昭彦との出会い

あの男とは、国際的な戦場カメラマン、岡村昭彦のことだ。彼はベトナム戦争を撮り、アメリカの写真雑誌「ＬＩＦＥ」で名を馳せた。しかし、私は当時彼のことを何も知らなかった。

ある日、日本大使館から「報道カメラマンが、エチオピアの国内事情を知りたがっている。誰か話してあげてほしい」と連絡があった。私は同業者だと思い、気楽にＯＫした。

街の中華レストランで夕食を共にした。

岡村は異様な風体だった。発散する空気に日常性というものがまるでない。笑っているかと思うと、次の瞬間、鋭く目が光る。面構えに緊迫感が漂っていた。彼は、北部ウォロ州の干ばつの取材をしてきたという。私は一年前に行った旅で、バスの中から見た難民のことを思い出していた。彼は、すでに難民の写真を撮り、今はキリスト教のミッション(伝道局)の人たちと共に行動しているという。

彼の話を聞くうち、大変な人物だとわかってきた。「LIFE」で仕事をしている日本人報道カメラマンなんて聞いたことがない。彼の名は日本よりも世界で知られているらしい。今回も難しいテーマに取り組んでいた。私が前年訪れたデッシより、ずっと山奥にまで入り込み、干ばつ地帯そのものを取材している。そのことは、私を驚嘆させるに十分だった。私は、干ばつのほんの入口を見ただけで打ちのめされたというのに、彼は奥まで踏み込んでいる。虫に刺された跡で覆われた彼の太い腕が、取材の厳しさを物語っていた。私は、エチオピア生活に負けまいと始めた朝のジョギングをすでにやめたというのに、岡村は、取材の現場でも毎日体を鍛えているという。この男にはとても勝てないという気がした。

そんな惨《みじ》めな気分の私に向かって、彼は「君は報道写真を撮ってはいけない。なぜなら、技術を先に覚えてしまったからだ」と言った。私はカチンときたが、猫に睨《にら》まれたネズミさながらに反論できなかった。

彼の論理は明快だった。「シャッターを押す以前が最も大事だ」というのである。「報道写真においては、技術は後回し。対象に対する知識と分析が最も大切である。技術は、むしろ邪魔である」とまで言いきった。彼は、最初にベトナム戦争を撮りに行った時、フィルムの入れ方さえ知らなかったという。

それでは、私は何のために写真学校に行ったのかわからない。私は報道カメラマンになろうとしていたわけではないが、現実には、エチオピア国営テレビ局で、報道に携わっているのである。彼の言葉は、私の存在を全否定するに等しかった。

そんなショッキングな出会いだったにもかかわらず、私は、それから二度も岡村と会った。彼と会うのは苦痛だったが、避けることは、自分に負けることになる。だから、私はあえて会った。そして、そのたびに打ちのめされた。その出会いは、私のジャーナリストとしての人生に大きな影響を与えることになった。

「報道写真は主語と動詞だけでいい」

岡村は、私がそれまで描いていた報道カメラマンのイメージを払拭《ふっしょく》した。「ＬＩＦＥ」に掲載されたベトナム戦争のレポートには度肝を抜かれた。まず、最初に彼の写真を見た時には、何の感慨もわかない。別に何の変哲もない戦争の写真で、どこがそんなに優れているのだろうと、むしろ疑問がわいた。アングルは平凡で、美しくもなければ、激しくもない。淡々としている写真群で、どうしてこんな迫力のない写真が世界的な雑誌に載るのだろうと不思議に思ったぐらいである。しかし、それは早計だった。

岡村の話を思い出しながら写真を見つめるうちに、見方が逆転していくのがわかる。岡村は標準レンズしか使わない。「ワイドは35ミリ以下、望遠は150ミリ以上は使わない」という。35ミリから150ミリまで。それは、限りなく人間の目に近いレンズなのだ。おまけに岡村は「人間の目の高さでしか撮らない」とも言っていた。

多くのカメラマンは地面に這いつくばったローアングルや、高いところから撮ろうとする。そのほうが普段見慣れない角度だから、迫力が増し、見る人を驚かせることができる。超ワイドレンズや超望遠レンズを使っても、同じような効果を出せる。だから、カメラマンは、数多くのレンズを持っている。私も、アングルやレンズをいかに上手く使いこなせるかがプロのカメラマンらしさだと思っていた。

彼の写真に一見インパクトがないのはそういうわけなのだ。彼は、「報道写真は主語と動詞だけでいい。形容詞や副詞は必要ないし、むしろ邪魔だ。誰が何をしたか。この事実だけで十分。報道写真に芸術性はないほうがいい」とも言っていた。

しかし、それが本当なら、その事実だけで勝負している岡村とは凄い人物だと思えてきた。ごまかしも、美しさも、芸術性も、情緒も感傷もなく、ただ事実の重さだけで勝負しているのだ。これが彼の言う「シャッター以前が重要」という意味なのだ。

彼の撮った「米軍のラオス侵攻」のレポートには、兵士が爆弾に当たって倒れかかっている写真があった。しかし、アングルは本当に目の高さだった。米軍がベトコン（南ベトナム解放民族戦線）を水責めの拷問にかけている写真も、流れている水をアヒルが飲んでいる姿を捕らえようとしているので、多少カメラ位置は下がっていたが、限りなく目の高さで撮影していた。よくよく写真を見なければ、のどかなベトナムの風景にしか見えない。しかし、写真は平凡でも、写っている対象が、彼しか撮ることのできなかった事実、いわば「特ダネ」なのだ。

最も驚かされたのは、彼が北ベトナムへ潜入したルポだ。当時、報道はほとんど南ベトナムからばかりで、北ベトナム側は秘密のベールに包まれていた。ところが、岡村は一人入ったのだ。そのレポートには写真の代わりにイラストが載っていた。なぜなら、彼は北側に入ったために、ベトコンにカメラを没収されていた。だから、撮影はできなかった。だから、岡村は自分の脳裏に焼きついている映像を、イラストレーターに描かせていたのだ。

さらに驚いたのは、ベトナム戦争が終わった直後に月刊誌に掲載した「ベトナム再訪」

のルポだった。当時、北ベトナム軍の支配地となったベトナムは、写真撮影が禁止となっており、岡村もそれに従ったという。岡村のレポートのサブタイトルは「フォトルポルタージュ」となっていたが、レポートは文章ばかりで写真は一枚も使われていなかった。それでも彼はカメラマンらしく「フォトルポルタージュ」としたのだ。意味するところは、「写真がダメなら文章で伝えろ」「写真がダメならイラストを使ってでも伝えろ」ということだった。報道にとって大事なのは外見ではなく中身。スタイルではなく事実だということなのだ。

私はショックを受けた。これが報道というもの、伝えるということだと認識した。

ある時、私はエチオピアの砂漠地帯で、フランス通信社AFPの記者とカメラマン、中国の新華社通信の記者たちと取材を共にしたことがあった。そこで世界の第一線で活躍するジャーナリストの取材をする姿を初めて目にした。四日間、寝食を共にし、お互いに気心が知れるまでになった。彼らの印象は、きわめて〝普通〟だった。自分と同じ普通の人間でしかないという気がした。岡村ほどの強烈な個性も思想も感じられなかった。そのことは拍子抜けだった。岡村の言葉は頭に突き刺さったままだった。

娼婦たちとの共同生活

岡村との出会いが、のちに私独自の写真手法を決めることにつながった。

私は、二年間の協力隊任期を終えて帰国したのだが、日本の生活にうまく適応できなかった。カウンターカルチャーショックというやつである。帰国後、無職の時期が半年間続いた。その後、テレビCMを作る小さなプロダクションにAD（アシスタントディレクター）として就職したが、とても勤まらなかった。胃を悪くし、一年で辞めてしまった。自分は広告の世界には向いていない。ほかの世界を模索したかった。中でも報道の世界のことが気になっていた。しかし、岡村の「君は報道カメラマンになってはいけない。シャッターを押してはいけない」という言葉がひっかかっていた。

私は、エチオピアにもう一度行きたいと思っていた。エチオピアに革命が起こったことは前に書いたが、新しい軍事社会主義政権下のエチオピアを見ていない。社会主義の世界とはいったいどんな世界なのか。私の好奇心は収まらなかった。

そんな時、かつてエチオピア国営テレビ局で一緒に働いていたプロデューサーから手紙が届いた。彼はテレビ局を辞め、今は飢餓難民救済委員会（RRC）広報部で働いていた。手紙は、「フィルム部門を作るから、君に手伝ってほしい」というものだった。私は、青年海外協力隊緊急再派遣として再訪することを決めた。

危機をはらんだ革命が進行する一九七六年五月、首都アディスアベバに着いた私は、あ

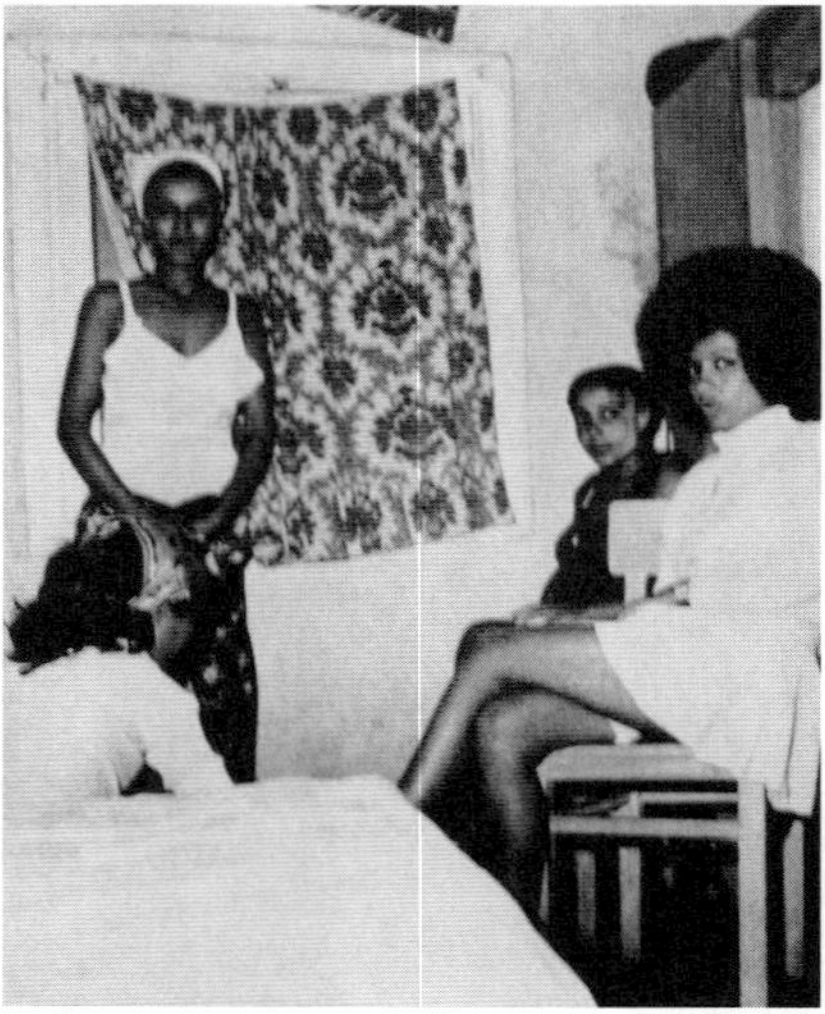

娼婦たちと共同生活

る酒場でエルサという女性と再会した。エルサとは一回目のエチオピアで知り合い、しばらく交際していた。知り合った当時学生だった彼女は二十歳になり、今では娼婦になっていた。貧しいエチオピアには娼婦が多く、食べていくために簡単に娼婦になる女性が多かった。女性の五人に一人は娼婦だともいわれていた。

　私と娼婦たちとの奇妙な共同生活が始まった。日中は難民救済委員会の事務所で働き、夜になると彼女たちの長屋で茶を飲み、夜食を共にし、団らんに加わった。アディスアベバには多くの娼婦が集まる。彼女たちはそれぞれ異なる故郷を持ち、異なる民族の血を引く。革命の血なまぐさい事件が続く街の騒々しさをよそに、孤独な娼婦たちは身を寄せ合うようにしてその長屋に暮らしていた。彼女たちとのざっくばらんで陽気な生活の中で私はカメラのシャッターを切るようになった。

レンズは次第に十八歳の妊婦ウォルカネシに向いていった。彼女は、エルサと同じ長屋に住む友人で、私と会ったときには妊娠していた。私が、「父親は誰だ?」と問うと、「わからない」と笑いながら答えた。私は驚いた。父親がわからないのに、あっけらかんとしているのだ。父親もわからず、自分一人で子育てしなければならない状況というのは、日本であれば大ごとだし、深刻になりそうなものだ。なのに、平然としている。考えてみれば、娼婦なのだから父親がわからなくとも当たり前かと思うが、悲壮感がまったくないのだ。

「出産の場面を撮らせてほしい」

　思い切って頼むと、ウォルカネシはあっさり承諾してくれた。

　当時の私には、レンズの前の対象が持つ意味よりも対象に迫ることに意味があった。難民、革命、娼婦、出産、いずれにしても私にはわからないことばかりだった。そうした私には、対象に接すること、それを体験することが至上命令だった。その体験をフィルムに収めたいと願った。それが岡村昭彦に対抗するための私の手法だった。

　ウォルカネシの陣痛が始まった。いつもの夜のように長屋の娼婦たちと雑魚寝していた私は、隣室からのうめき声で目を覚ました。うめき声は次第に大きくなり、時として悲鳴に変わった。しかし、女たちの誰もそれを気にかけなかった。私ばかりがうろたえ、何もなすべきことを知らずに当惑するだけだった。写真を撮ろうという焦りがさらにそれを増幅させていた。

出産までは時間がかかりそうだったので、いったん自分の寝床に戻ったが、隣室が気がかりなまま眠れなかった。しかし、それでも浅い眠りに入ることができたのだろう、私は夢を見た。夢の中で私は血まみれのウォルカネシに汚物を投げつけられていたのだった。

翌日、雨の降るなかでウォルカネシは子を産んだ。私は子を産む彼女を撮らなかった。理由はあるにはあった。彼女の容態が悪化したため、隣室には彼女の肉親が駆けつけていた。出産の部屋に男が居てはならぬという禁忌があった。

肉親たちの前で、そして私の内部の罪悪感を超えてウォルカネシの出産シーンを撮れるほどには、私はカメラを信ずることができなかった。隣室で生まれた子の第一声が発せられた時、私は挫折感に耐えているだけだった。

産後のウォルカネシにカメラを向けた。私の挫折感と執拗なカメラ・アイはすぐに彼女たちに伝わった。私と彼女たちとの間にそれまでのような無防備で親密な関係を保つことはできなかった。私は居づらくなり、彼女たちと別れざるを得なかった。

しかし、現像後のウォルカネシの写真は私を驚かせた。子を産んだ後の彼女の目は澄みきっていた。彼女の静かな自信と安息が私の心に染みわたってきた。

「これだ。これだったんだ！」

私はひとつの確信を手に入れた。私は出産シーンを撮影できなかったので、試みは失敗したと思っていた。だが、ウォルカネシが自分の子を抱く姿をとらえた写真群は美しかった。

私は何をとらえたのだろう。私が撮ったものは何だったのだろう。

彼女たちの姿は娼婦のそれではなかった。彼女たちは娼婦である前に人間なのだ。以前、彼女たちを繁華街の映画館に連れていったことがあった。映画館でチケットを買う間、彼女たちは周囲の好奇の目にさらされていた。彼女たちが娼婦であることは服装や化粧でわかる。周囲の人たちは不潔なものでも見るように侮辱的な視線を浴びせた。それに呼応するように、彼女たちは反抗的な目を見せた。

ウォルカネシ母子

それは、今目の前にあるウォルカネシの目とはまったく異なるものだった。同じ人物の目とは思えなかった。私は悟った。娼婦が娼婦として存在するのは社会性の中にあってのことだ。

娼婦は自らが娼婦であるわけではないのだ。考えてみれば当たり前のことだが、私は知識としてではなく体得した。私の体験をフィルムに収めるという試みはけっして失敗していたわけではなかった。私の体験、私の無意識がフィルム上にしっかりと収められていた。もう後には引けない。そんな思いが私の内に残った。以後、私は体験と同時にその体験そのものをカメラに収めるという手法で撮影を行うようになった。

秘密警察との遭遇

私の難民救済委員会での任期は半年間と短かったが、仕事は多岐にわたっていた。私ともう一人、現地のカメラマンがいた。彼の名はマントガフト。ある日、出勤してみると彼がいない。

「マントガフトは、どこに行ったんだ?」とタイピストに訊くと、不安そうな顔で答えた。

「それがねえ。今朝突然、秘密警察がやってきて、彼を連行していったのよ」

その後、二度と彼は帰ってこなかった。エチオピアではよくあることだった。前回、テレビ局に勤めていた時、親しくしていたヨナスという名のプロデューサーもある日、消えた。

彼は、私と町のカフェで雑談していた時、突然「シッ！　ここで政治の話をしてはいけないよ。誰が聞いているかわからないからね。壁に耳ありだ」と私をたしなめた。それぐらい用心深い彼だったが、帰ってこなかった。エチオピアの革命では、数え切れないほどの人たちが連行されたり、拷問にかけられたり、殺されたりしていた。「刑務所の中で死んだ」という通知を家族が受け、遺体を引き取りにいくと、金を払わされるという。殺すときに弾を使ったので、「弾代を払え」と請求されるのだそうだ。家族にとっては残酷な話である。

私自身も秘密警察のターゲットとなったことは何度かある。エチオピア国営テレビ局に勤め始めて半年ほど経ったころだったと思う。ランチを終え、職場に戻ろうとエレベーターに乗った時のことだった。テレビ局は、シティーホールの最上階六階にあった。

エレベーターには、私のほかに若い男が乗っていた。その男は四階で降りようとして、突然振り返り、強い口調で私につっかかってきた。現地の言葉アムハラ語でまくしたてるので、私はただ驚くだけである。男は、私のバッグを無理やり取ろうとする。わけがわからない。そうこうしているうちにエレベーターのドアは勝手に閉まり、六階まで上がった。

ドアが開いたので、私は降りたが、男も私のバッグをつかんだまま離さない。男は相変わらず怒鳴っている。エレベーターの前には、何が起こったかと人が集まってきた。中に、私の同僚たちがいた。

「何が起こったんだ。ミスター・ヨシオカ」と声をかけてくる。私は、

「どうもこうもないよ。この男、何をわめいているのかわからない。通訳してくれよ」と頼んだ。すると、同僚の一人が、その男のほうを向いて、フンとあごで問い詰めた。男は大声で同僚にがなりたてている。同僚は私のほうに向き直り説明する。

「ミスター・ヨシオカ。聞きなさい。この男は、あなたが時計を盗んだと言っている」

私は再び驚いた。想像もしないことを言ってくる。私は説明した。

「私とこの男とは、エレベーターの中で一緒になっただけだ。それも一階から四階に上がっただけだ。どうやって腕時計を盗めるのだ?」

「この男は、あなたがエレベーターの中でしゃがんだ時に、時計を拾って隠したに違いないと言っている」

「とんでもない」

私の頭に血が上ってきた。

「私は靴のひもを結んだだけだ。外国人の私がドロボーなんかするわけないだろう」

「わかっている、ミスター・ヨシオカ。でも、この男がそう主張しているんだ。どうやったら潔白を証明できる？」

と同僚。周囲には、人だかりができている。興味津々だ。私は日本人として、どうしても身の潔白を証明しなければならないと思った。バカにするんじゃないという気持ちになった。

「わかったよ」と肩にかけていた鞄を下ろし、自分から口を開け、男に渡した。男は一点一点私の持ち物を取り出し、探り始めた。時計は出てこなかった。

私は両手を挙げて、ポケットの中まで調べるようにうながした。何も出てこなかった。しぶしぶと男はエレベーターに再び乗ろうとした。ドアが閉まる直前、それでも男は、私を指さし、「この男が取ったんだ」と言った。私はムッとして手を振りかざしたが、ドアが遮った。

私はカメラマンのスタッフルームに戻ったが、どうにも高ぶった感情は収まらない。私と男とのやりとりをずっと見ていた同僚のエリエスが入ってきたので、彼に声をかけた。

「エリエス。君はさっきのトラブルを見ていただろ。あの男はいったい何だと思う？」

エリエスは、

「そうだね。何ともいえないが、この国では時々あることだよ。君が外国人だから、お金を持っていると思って、因縁をつければ金でも出すと考えたかもしれないし、……それか」

「なんだい、それかって」

「うーん、秘密警察だったかもしれない」

「なんだよ、それ」

「君が、どう出るか、試したのかもしれない」

「そんなのありかよ。何を試すんだ?」

「それは、私にもよくわからないが……。あっ、そうだ、君に言っておきたいんだが、この国には秘密警察がどこにいるかわからない。だから、相当注意したほうがいい。実は、私の友人にも秘密警察の人間がいるのだが、以前、君がブラックリストに載っているのを見たことがある」

「それ、どういうことだよ。聞き捨てならないね」

「いや、たまたま私の友人がブラックリストを見せてくれたのだが、そこにミスター・ヨシオカの写真が載っていたんだ。だから、言ってやったよ。この日本人は怪しい人間じゃないから。日本からやってきたボランティア(協力隊員)なんだからって」

「なんで、俺がブラックリストなんだよ。どんな写真だったんだ」

「君が靴磨きの少年と話しているところだった」

「えっ、なんでそんなところを。そもそも、なんで俺がブラックリストなんだよ」

「彼が言うには、靴磨きの少年と話をするなんて怪しいというんだ」

「ああ、靴磨きとかホームレスとか、結構話はするなあ。彼らが寄ってくるんだよ。寄ってくれば、話ぐらいするさ。馴染みにもなるし」

「それがいけないんだ。エチオピア人で靴磨きやホームレスと仲良くなるヤツなんていないだろ。彼らは貧しいし、汚いし。そんな連中と友達になったりすれば、それは怪しまれるよ」という。

私は、ハタと考えた。そう言われればそうだなと。日本人ならホームレスはともかく靴磨きとなら平気で話をする。でも、エチオピア人は、しない。無意識な行動。これはいわゆる文化ギャップだと思った。

「ともかく、秘密警察には俺が説明しておいたから、今回は大丈夫だ。これから気をつけるんだよ。ミスター・ヨシオカ」

そういって、エリエスは仕事にでかけていった。

ブラックリストにあった私の名前

　またある時、私は秘密警察とおぼしき人物に出会った。最初のエチオピア訪問で一年が過ぎたころだった。すっかりこの国に慣れて、テレビ局での勤務を終えての帰り道、私は小さなバーに寄って帰ることが多くなった。バーといっても、民族衣装の白いシャンマを着たママと田舎くさい若い女性が一人いるだけの簡素な店だった。

　私がその店を気に入っていたのは、他の客がめったに来ないので、ゆっくり彼女たちと雑談できたからだ。エチオピアのどんな飲み屋に入ってもそうなのだが、つまみというものが存在しない。ただビールやウイスキーや地酒をストレートに飲むだけなのである。

　つまみを食べながら飲む習慣のある日本人にとっては、何か物足りない。ところが、その私のお気に入りの店には魚の缶詰が数種類並べてあった。お酒のつまみというわけではなく、ただの販売用だ。だが、私はその缶詰を買い、それをつまみにビールを飲むのが好きだった。時には、缶詰を火鉢の上で温めて食べていた。アディスアベバは標高が二千四百メートルもある高原地帯なので夜は冷える。だから、しばしば火鉢が置いてある。火鉢は料理のために使うこともある。

　ある晩、私がいつものようにソファに座り、缶詰をつまみにビールを飲んでいると、痩せた男が一人入ってきた。その男は酔っ払っているのか、足下が少しふらついていた。男はカウンターに向かい、ビールを注文した。ママがカウンターの中に入り応対した。

　男は立ったまま飲み始めた。背広を着ているが、酔っ払っているからかネクタイは外している。時々私のほうを見て睨む。ママと雑談を始めたが、アムハラ語なので内容はつかめなかった。男はあまり愛想のいいほうではないのか、一人黙って飲んでいる。ママは、私のところに戻り、私と話し始めた。どうも馴染みの客ではないらしい。ママも苦手なタイプのようだ。私は少し居心地が悪くなった。男は、私のことが気になるらしく、しばしば私のほうに視線を向ける。

　私と何度か目線が合った。その時、私は気づいてしまった。男が酔っ払っていないことに。目が笑っていない。フラフラと体を揺らす仕草と目つきがまるで一致していないのだ。私はすぐに秘密警察だと思った。きっと、私を何度か尾行し、バーの中で何をしているのか探りにきたに違いない。

　当時、エチオピアは、ハイレ・セラシエ皇帝が支配している帝政の国だった。彼らが最も嫌っていたのが共産主義で、そうした運動は抹殺されていた。特に、私は日本から来た最初のボランティア。エチオピア政府も日本人を警戒しているのだ。何しろ、見た目は共産主義の中国人と変わらない。エチオピアの教育レベルからして、中国と日本の差違などわからないに決まっている。

私は気づいていないふりをしながら、ママたちと雑談していた。三十分もすると、男は出て行った。

男が秘密警察だったかどうか、当時は確信が持てなかった。しかしその後、二十年も経ってからだが、エチオピアを再訪した時に確信に変わった。日本のＪＩＣＡ（国際協力機構）の活動を取材する目的もあったので、ＪＩＣＡにビザを早く取れるように依頼した。ＪＩＣＡエチオピア事務所から連絡があり、「ミスター・ヨシオカはブラックリストに載っているので、入国できない」といってきたのだ。何とかしてくれるように事務所に頼んだ結果、ビザは下りたが、いきさつをエチオピア事務所に訊いた。すると、「ミスター・ヨシオカのブラックリストは、もう二十年も前に記載されたもの。政権も変わったのだから、無効にしてくれ」と説得した結果だという。やはり私は当時、秘密警察に睨まれていたのだと確信した。

本当の自由とは

エチオピア体験が私を育てたのは間違いないだろうが、もうひとつ、それを可能にしたある人の判断があった。ある人とは、当時、青年海外協力隊事務局の局長をしていた伴《ばん》正一《しょういち》氏（故人）である。

伴局長は、エチオピアで革命が起き、銃撃戦が行われているというのに、隊員たちに帰国命令を出さなかった。協力隊は外務省管轄の事業である。いわゆる役所の仕事である。万が一、革命で死亡者やけが人が出たら、事業はつぶれるし、世間やマスコミから「なぜ帰国させなかったのか」と相当な非難を受けることになる。しかし、局長は帰国命令を出さなかった。

正確にいえば、「帰国したい人は帰っていい。帰国したくない人は残っていい。自分で判断しなさい」ということだった。当時、三十人ほどの隊員がエチオピアで活動をしていたが、誰一人帰る者はいなかった。

私は不思議に思い、帰国した時に伴氏に訊いた。

「なぜ、帰国命令を出さなかったのですか。もしも何か事故でもあれば、事業はつぶされるかもしれないし、局長だってクビになるでしょう」

伴氏は、

「そうかもしれんな。しかしなあ、国が転覆するところを目の前で目撃できるんだぞ。その体験は、何にも代えられないだろう」と話した。さらに、

「本当に現地に溶け込んでいたら、現地の人たちが助けてくれる」ともいった。その次の

言葉が凄かった。

「死に場所は自分で決めるもの。それが本当の自由というもんだろう」

伴氏は、まっすぐに私を見つめていた。

私は静かに感動していた。世の中にこんな考え方をする人がいるのか。侍、武士の心を感じた。

後に知ったことだが、伴氏は、若いころ海軍経理学校を卒業し、第二次世界大戦のマリアナ沖海戦などを経験している。その体験を基に、戦場でも人間はそう簡単に死ぬものではないと知っていたのではないか。多くの戦地を体験した今、私自身もそう感じているからだ。何にしても、彼の判断があったから、今の私が存在している。

伴氏については、拙著『政治の風格——総理をめざした外交官伴正一の生涯』に書かせてもらった。

第三章

難民救済の仕事

干ばつで干上がった川。エチオピア・ハラール州

飢餓地帯に入り込む

エチオピア革命の引き金となったのが飢餓だったことは前に書いた。しかし、首都のアディスアベバにいる限り、飢餓を実感することはまるでなかった。ラジオや新聞の報道でそのことを知る程度だった。私が最初に飢餓難民に遭遇したのは、たまたま北のエリトリア地方へバスで旅に出た時だった。エリトリアまでは三日かかる。夜は宿に泊まる。難民と遭遇したのは、途中のデッシという町だった。いたるところに乞食がいた。乞食たちは、道端で薪《たきぎ》を燃やし、食事を作っている。地べたに寝ている者もいる。子供、老人、若者、女、みんな薄汚れている。町は死んだように暗かった。

「この乞食たちは難民なんだ」

私は、ようやく事態を認識できた。エチオピアの北部で干ばつが起きたことは聞いていたが、いつの間にか干ばつ地帯に入っていたのだ。

翌朝、まだ夜も明けていないのに、バス停は人でいっぱいだった。その大半は難民。旅人に施しを受けようと、押し寄せていた。難民たちは、バスの中まで行列を作って入ってくる。目の見えない人、片足のない人もいる。「エグザベル（神よ……）」と呪文のような言葉を唱えている。小銭を出そうとしてギョッとする。目の前に出された手は野球のグローブのように大きかった。本物の手だった。病気で肥大したに違いなかった。

バスが走り出す。ところが、すぐに立ち往生した。道路が難民で埋まり、前に進めない。バスの前には何千、何万という人の波が広がっていた。

プッ、プッ、プッ、ププー、プッ、プッ、プッ、ププー……。

バスは何度も警笛を鳴らすが、動けない。

「これが難民か」

私は珍しいものでも見るかのように、窓の外の風景に釘付けになっていた。人々は私に向かって手を差し延べ、金や食べ物をねだる。目が何ごとかを訴えている。射るような視線が怖い。そんな目が百、二百と連なっている。

何という光景だろう。私はこれほどエネルギーを蓄えた群衆を見たことがない。今にも爆発しそうだ。人生において、こんな状況に遭遇することは二度とないだろう。理解し難い情景だが、これを記憶に定着させておきたい衝動にかられた。

私はバッグの中からカメラを取り出し、私を睨みつける坊主頭の女に向かってシャッターを切った。一枚撮ったところで、嫌悪感が私を包んだ。それは女に対する感情ではなく、自分への嫌悪だった。なぜ撮らなければならないのか。明らかに傍観者としての目でしかない。私が今撮った坊主頭の女に対する冒瀆《ぼうとく》だ。実は、飢えのため明日をも知れぬ運命なのだ。私は、後ろめたさでいっぱいになった。それをかき消すため、窓を開けた。小銭入れから取り出したコインを数個投げた。これで、傍観者として写真を撮ったという行為は許される……。

その時、事態は急変した。コインを求め、いくつもの手が空中でからみあう。コインがこぼれ、地上へと落ちた。それを求めて、何人もがかがみ、転び、その上に人が重なる。やっとコインをつかんだ女の背に男がのしかかる。女は、重さに耐えかね悲鳴をあげる。それでもコインを離さない。そばにいた男が女の手をつかみ、コインをもぎ取ろうとする。周囲の難民も騒ぎに気づき、自分も施しを受けようと、われもわれもと押し寄せる。あたりは大混乱となった。

私は自分のやった行為の恐ろしさに凍りついた。私にしてみれば、ただ小石を池に投げ入れただけだった。小石は、水面でゆっくりと波紋を広げ、次第に大きくなり、やがて怒《ど》濤《とう》となって押し寄せ、岩に砕け散った。嫌悪感が消えることはなかった。

「アイム・イン・アフリカ」

次に私が難民に遭遇するのは、協力隊で緊急再派遣された時だった。

二度目にエチオピアを訪れた一週間後に、私は隣国ソマリアとの国境地帯にいた。

川が洪水で氾濫し、住民たちが難民化しているというので、アディスアベバから小型飛行機で一気にオガデン砂漠まで飛んだのだった。私の派遣先は難民救済委員会（ＲＲＣ）。洪水であろうが、干ばつであろうが、現状を取材し、エチオピア国営テレビ局などを通じて広報活動をしなければならないのだ。

飛行機は砂漠というよりも土漠の中に舞い降りた。そこは軍の飛行場だった。ただ飛行場とは名ばかりで、赤い土の上に風向きを見るための吹き流しが一本立っているだけだった。他に飛行機らしきものは何もない。空港ビルもない。ただ遠くに小さなコンクリートでできた要塞のような建物が一つあるだけだった。

四輪駆動車が私とプロデューサーのムセを迎えにきた。洪水の現場まで案内してくれるのだ。ところがしばらく走ると、すぐに流れの速い川にでくわした。洪水で深くなっているので、車ではとても渡れないという。「ここからは、歩いてくれ」とドライバーがいう。歩いてくれといったって、流れは速いし、深そうだ。どうやって渡るというのだ。私とムセはパンツ姿になり、洋服は鞄に詰め、頭に載せて渡るしか方法はない。ドライバーと案内人の男が荷物は持ってくれるという。彼らは軍人なのだ。このあたりは、限りなく国境に近いので軍人が一緒でないと動けないという。国境を抜けていつソマリア軍が攻撃してくるかわからないのだという。

ソマリアとの国境地帯で洪水取材中の筆者。ワニの棲む川で

ムセと私は、仕方なく川に入った。深い。すぐにへそが隠れ、首のところまで水が迫る。ムセが「ヨシオカ、兵隊さんたちがいうには、この川にはワニがいるそうだ。気をつけろ」と声をかけてきた。「ワニがいるって？　何で今頃いうのだ。引き返すわけにもいかんだろ」。「まあ、前進あるのみだな」とムセ。「気をつけろと言ったって、気をつけようがないだろ」と私は怒った。すると、「ヨシオカ、お前はエチオピアに来て、一週間でもうアフリカを満喫している」と笑った。私は「まったくだ。アイム・イン・アフリカ（私はアフリカに浸かっている）」というしかなかった。「よし、写真を撮ってやる。カメラをよこせ」とムセが私からカメラを取り上げ、嬉しそうにシャッターを押した。

あわやワニの餌に

ワニといえば、もう一つエチオピアで思い出がある。

一週間ほど休暇をとって、スーダンとの国境沿いにあるガンベラという町に行ったことがある。そこは、首都アディスアベバから陸路で行くと、それだけで一週間を要した。だから飛行機を使ったが、いざ帰ろうとしたとき、飛行場で、エチオピアエアラインのスタッフが「今日、飛行機は飛ばないわよ」と言う。驚いて「なぜ？」と聞くと、「北のエリトリアで紛争が起き、飛行機が全部かり出されたので、ここに来る飛行機がない」という。

「次の便はいつだ？」

「さあね。今日飛ばないということは、一週間後だね」

陸路で帰る方法も聞いた。

「今は雨季で道路がぬかるんでいるから、陸路で行けるかどうかはわからない」という。

大変なことになったと思った。明日から仕事なのに困ったものだ。さらに一週間も休みをとれない。それよりも何よりもテレビ局は、私がいないことで大騒ぎとなる。行方不明状態になる。何とか私がここにいることを知らせなければいけない。私は職員に、連絡方法はないかと聞いた。

「町に電話公社があるから、そこで電話がかけられる」と教えてくれた。すぐに向かった。電話公社は想像とは大違いだった。公社というからには、ビルを想像していたが、小さな小屋のような建物だった。

「至急、アディスアベバに電話をしたいのだが」と問うと、職員は、

「今からだと六時間待ちだね。六時間後に来てくれ」という。

「六時間？　そんなにかかるの？」

「嫌だったらいいよ。別に」

私はしばし途方に暮れたが、それにすがるしか方法はなかった。

六時間後、私は公社に向かった。待ち時間は長かったが、無事つながった。オペレーターが、私の名前を確認し、「では、つなぎます」といってスイッチを入れた。不思議な音声が聞こえた。ブッブッブッブッと話し声がとぎれながら聞こえる。ラジオ無線だから、声はなめらかではない。まるで、壊れたロボットがしゃべっているようだ。それでも私は必死で、私の上司を呼ぶように相手に頼んだ。やがて上司が電話口に出た。しかし、すぐに上司だとはわからなかった。相手もそのようであった。「ヨヨシシオオカカススピピーキキンググ（吉岡が話しています）」というふうに聞こえているのである。私は、汗だくで、「ガンベラで足止めにあっている。飛行機は一週間後にしか出ない。休暇を延長するしか

ない」という旨を伝えた。

電話を切り、私はともかくホッとした。しかし、この先一週間、どうやって過ごすか。困ったことになった。宿泊代はせいぜい五百円ぐらいだからどうってことはない。ただ何もやることがない。町に繁華街はなく、レストランさえもない。かろうじてホテルがあるだけで、そのホテルも電気はないので、日が暮れると真っ暗になる。ろうそくの明かりで、何とか夜をやり過ごす。エチオピアのどんな田舎町でもそうだが、電気や水道のない町は多い。私は長いエチオピア生活で、適応することを覚え、ろうそくの光だけで本を読む術《すべ》も覚えたし、南京虫を除《よ》ける方法も習得した。

朝が来てもホテルに朝食はない。私は、遊んでいる子どもたちにパパイヤを持ってこさせ、それを朝食代わりに食べる。昼、夜の飯は、近所の家で金を払い食べさせてもらう。

昼間は暇だから、子どもたちと一緒に釣りをしたり、野山を歩いたりした。

ある昼下がり、あまりに暑いので、川で泳ぐことにした。私は旅に出る時、いつも海水パンツを持参しているので、いつでも泳げる態勢ができている。紅海などの暑い地に面した土地だと、一日中海水パンツ一丁で過ごすこともある。

川に出ると、住民たちが大勢で洗濯していた。二十人はいる。平和な風景だ。こんなに多くの人たちが川辺で洗濯しているのだから、この川は安全だと思った。川の流れも速いので、水もきれいだ。私は、さっさと川に飛び込んだ。岸辺近くは浅いので、川の真ん中あたりまで泳ぎ進んだ。真ん中までくると、足も届かないほど深く、快適に泳ぐことができる。クロールでバシャバシャと一泳ぎすると、私は裏返って空を仰いだ。真っ青な空に白い雲が浮かんでいる。ああ、いい気持ちだ。アフリカを満喫している気分だった。

岸辺のほうから人々が手を振っている。カラフルな原色の布を巻いた女性たちが、何ごとか叫んでいる。私の泳ぎに驚いているのだろうか。クロールが、そんなに珍しいのだろうか。手を振るというよりも、手で呼んでいるようにも見える。私は、ともかく岸辺に向かって泳いだ。そして、足が届く所からは歩いて岸に上がった。手招きをしていた人たちが集まってきた。顔が興奮しているようだった。

「What happened ?（どうしたんだ?）」

私が英語で聞くと、中から英語を話す小太りの女性が一歩前に出てきて説明してくれた。

「この川にはね、ワニがいるから泳いじゃダメなんだよ。バシャバシャすると、ワニが寄ってくるよ。前に、アメリカ人が泳いでいて、ワニに喰われたことがあるんだ。危ないよ」と顔をしかめた。

血の気がひいた。そういうことだったのか。わいわい手を振っているように見えたのは、「やめろ、泳ぐのをやめろ」と教えてくれていたのだ。ちなみに、現地の女性が話してくれたのだが、その時、ワニに食べられたアメリカ人の男性は、ワニの腹をかっさばいて取り出したところ、ほぼ人間の形をとどめたままだった。つまり、丸呑みされていたということだった。

私はその光景を想像し、再びぞっとした。と同時に、思い出に残る休暇に満足した。

静かな戦場

ワニの話がいささか長くなったが、難民の話に戻そう。

私は二度目のエチオピアで、難民救済委員会に所属し、前述の洪水取材で難民の現状を探った。被害は、そんなにひどい気もしなかった。農民たちの畑や家が水浸しになり、当面の暮らしができないということだった。農民たちの家といってもひどく簡素な掘っ立て小屋なので、悲惨さが伝わってこないのだ。

撮影を終えた私は、プロデューサーのムセと一緒に要塞のような軍の施設に入った。ホテルなどない小さな村なので、そこに泊まるしか手立てはないのだという。要塞の屋上で夕涼みをしていると、隊長がビールを持ってきてくれた。そこにムセと、われわれを連れて来たスウェーデン人の老パイロットが加わった。夕日が地平線の向こうに沈もうとしていた。

私はビールを飲みながら、美しいサンセットを見ていた。すると、隊長が、

「きっと、向こうから、ソマリア軍が見ていると思うよ」という。

「エエッ！」

私は驚いた。私だけでなく、ムセもパイロットも驚いた。私がビールを飲んでいる姿が見られていることに、ぞっとした。こちらからは何も見えない。エチオピア側のような要塞はない。そこを問うと、隊長は、

「向こうはゲリラのようなものだから、要塞はない。でも、スキさえあれば、突入してくるはずだ」

と説明した。そうか、美しく平和なサンセットに見えるこの風景は、まさに戦場なのだ。あのブッシュの陰にゲリラたちが潜み、双眼鏡で様子をうかがっているのだ。私は質問した。

「国境の争いなのだろうが、ソマリアがエチオピアと対立しているのは、宗教的な意味もあるのか？」

隊長は答えた。

「少しはあるだろうな。あなたも知っているように、ソマリアはイスラムだ。キリスト教の国であるエチオピアのことをあまりよくは思っていないだろうな」

「敵はイスラム教徒か。まるでアラビアのロレンスの世界だな」と私は反応した。すると、パイロットが話に入ってきた。

「そうか、アラビアのロレンスを知っているのか。まあ、映画は世界中でヒットしたからな。実は、私はアラビアのロレンス、トーマス・エドワード・ロレンスと会ったことがあるんだ」

これには、そこにいた全員が驚いた。アラビアのロレンスの世界は、ずっと過去の話、伝説の人だと思っていたが、知っている人がいるなんて思ってもみなかった。

あれは、第一次世界大戦の時の話。英国の情報将校となったロレンスは、イスラム世界のゲリラ部隊と共闘、強大なオスマン帝国軍と戦い勝利し、その後の世界史を塗り替えた英雄である。

私は、あらためてパイロットの顔を見た。もう六十歳は過ぎている顔だ。彼が若いころなら可能性はあると思った。ムセが、

「どこで、どこで会ったんだ」と突っ込んできた。パイロットは、

「カイロだったな。英国陸軍情報部がアラビアの地図を作っているころで、彼はその手伝いをしていた。アラビア語がすごく堪能だった。だから、印象に残っているんだ」と思い出す。

すごい話だなと思った。世界史はこんなところでつながっている。私は、エチオピア軍とソマリア軍の最前線にいる。そこにアラビアのロレンスを知っているスウェーデン人のパイロットがいる。私は、まるで映画の中にいるような気分になった。テーブルツリーの向こうで夕日が地平線に差しかかり、われわれを赤く染めていた。

ボランティアの限界

国境での体験から一か月後、私は再びソマリア国境に近いオガデン砂漠に向かった。今度は洪水ではなく干ばつだという。雨が降らないので遊牧民たちの家畜が死に、人間も絶え絶えだという。洪水と正反対の状況なのだが、要するに砂漠地帯では洪水と干ばつが繰り返し起こり、ちょうどいい頃合いがないのだという。当時から気候変動が起きていたに違いない。そこで難民救済委員会は考え、家畜を失った遊牧民を定着させ、農耕をさせようと計画した。難民救済委員会としては大プロジェクトだった。その取り組みを記録するというのが私に与えられた役割だった。

私は小型機で現地に入った。さすがに暑いし、カラカラに乾燥している。あちらこちらで砂が舞っている。遊牧民たちは難民キャンプに、木の枝と枯れ葉で半円形のテントを作り、そこで暮らしているが、ヤギやラクダはいない。砂漠で暮らす遊牧民は、いつも背筋をピンと立てて精悍《せいかん》な顔つきをしている印象があるが、難民キャンプで見る彼らは、自信なさげで何とも情けない表情をしている。

子どもなど、たらいに入れた水で溶かしただけの小麦粉を手ですくって、競いながら食べている。診療所のテントに行くと、骨と皮だけの小枝のような体型の子どもや老人たちが寝転んでいる。力がなくて、立っていられないのだ。今にも死にそうだ。これが現実だ。かつて、日本の歴史教科書に載っていた飢餓の姿だ。教科書では絵だったが、目の前には本当の飢えが存在していた。

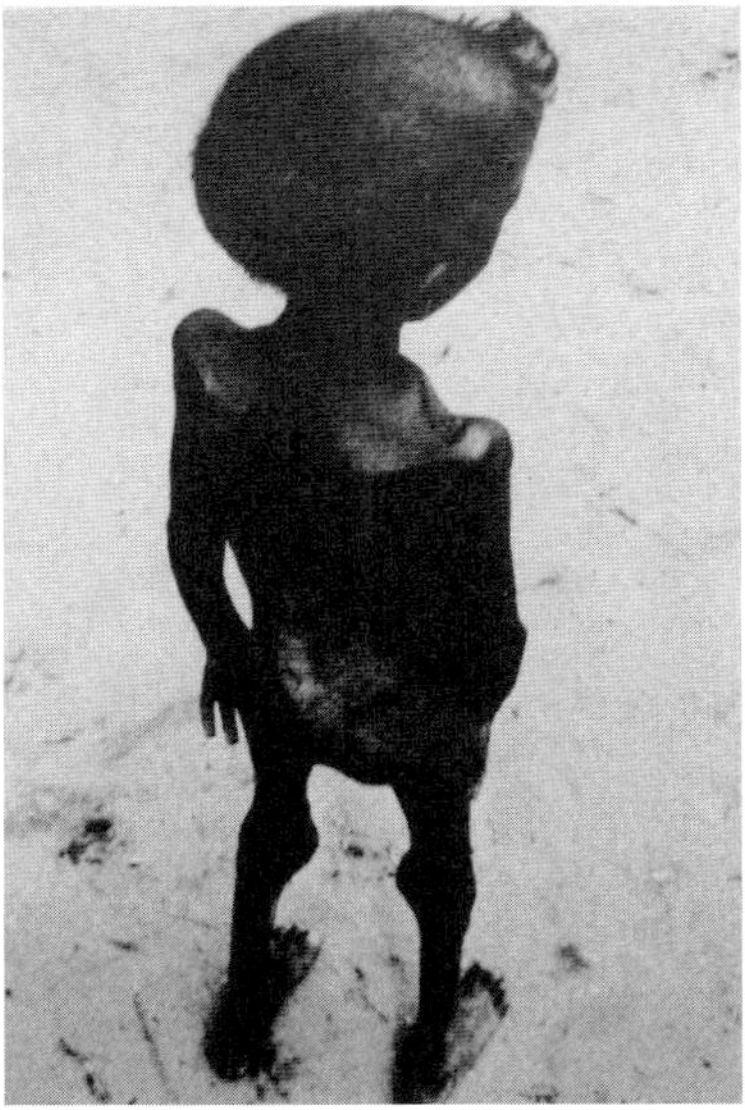

ハラール州オガデン砂漠の子ども

私たち難民救済委員会のスタッフは、難民キャンプとは布一枚を隔てて生活している。寝るのは、簡易テントの中だ。難民キャンプとは、布一枚で別世界だ。われわれも食事をとらなければならないが、難民と同じ物を食べるわけにはいかない。難民の食事は、粉ミルクや小麦を溶かしただけで、何の味付けもしていない食べ物だ。食べ物というより動物の餌に近い。

われわれスタッフが食べるところを難民たちが見ると、暴動が起こるかもしれない。だからといって、われわれがそんなにいい物を食べているわけではない。魚の缶詰と三日前に焼いたような固いパンだけだ。それが毎食だ。こんな食事が毎日続けば病気になるのではないかと思った。

想像してみた。もし、ここで今私の具合が悪くなったら、どうなるのだろう。ここから町までは、車で二、三日かかる。その町に着いたとしても、病院はなさそうだ。その町から運よく飛行機があれば、首都アディスアベバまで移動し、その日のうちに入院できるかもしれないが、飛行機がなければ、陸路でさらに二、三日かかる。病院まで全行程で一週間はかかると見ておかなければならない。私の体が一週間もつだろうか。大変なところに来てしまった。私はこんなところで死を迎えるのだろうか。周辺は地平線の見える砂漠のど真ん中である。日本がはるか遠く感じる。

二、三日もそんなところにいると、体が肉を欲してくる。もう何日も肉を食べていない。肉を食べないと力が出ない。野菜だってほしい。酒やビールだってほしいが、こんなところにあるわけがない。水がやっとある程度だ。当時はボトルに入ったミネラルウォーターがまだ一般的ではなかったので、水は大きなタンクに入れて、車で運んでくる。かろうじて透明だが、水道水をただ入れただけのものだ。普段、アディスアベバでも水道水をそのまま飲んだことはない。そのまま飲むと肝炎や赤痢になるので、必ず沸騰させたものを飲みなさいと指導されている。なのに、ここでは沸騰させる余裕などない。

——何を贅沢なことを言っているんだ。難民のことを考えてみろ。彼らは泥水を飲んでいる。パンや魚だって食べられないんだぞ。お前はボランティアとしてエチオピアに来ているのに、難民のことを考えないのか。

そんな天の声が聞こえてきた。

「何が難民だ。何がボランティアだ。それどころではない。こちらが倒れそうだ」と私の中の声が反撃する。天の声は続ける。

——お前は、それでも人間か。難民の中には、毎日餓死したり、病気で死んだりする人がいるんだぞ。お前は、難民を助けに来たのではないのか。

「冗談じゃないよ。こっちが病気になりそうだ。野菜もないからビタミンだって不足している。病院だって遠い。病気になったら、こっちだってイチコロだ」

そう思った時、私の中でボランティアという概念がボロボロと崩れていった。わが身の限界を感じた瞬間だった。

ナショナル・パークの鹿を食べる

次の日、やることは何もなかった。一通りの取材をしたら、あとは毎日同じような日々が続いた。しかし、暇だからといって帰るわけにはいかない。飛行機が迎えに来る日が二週間後と決まっているから、途中では逃げ出せないのだ。

休んでいる私のところへ、スタッフの一人が声をかけてきた。

「ミスター・ヨシオカ。肉を食べたくないか？」

「そりゃあ、もう。食べたいに決まっているよ。あるのか？」

「いや、ないから、捕りにいかないか？」

「どこへ？　どこに肉があるというんだ」

「鹿だよ。鹿がいるから捕りにいこう」

「ええっ、どこにいるって？」

「いいから、ついて来い」

私はテントから出て、彼に続いた。

四輪駆動のランドローバーの前までくると、「乗れ」と命令する。助手席に座ると、後ろの席にスタッフたちが何人も乗っている。皆どこか嬉しそうな顔をしている。車が発車すると、スタッフから歓声があがった。みな退屈していたに違いない。難民を助ける仕事はけっして楽しいものではない。相手は難民である。笑うわけにもいかず、面倒を見るだけである。景色がいいわけでもなく、快適な暮らしでもない。風呂があるわけでも、楽しみがあるわけでもない。ひたすら暑さとひもじさに耐えるだけである。

車は土漠の中、道なき道を進む。上下に揺れる。

「どこに向かっているんだ？」

私が問うと、

「ナショナル・パークさ」

「ナショナル・パーク？」

「そうさ、近くにあるんだ。鹿などの動物がいる」

「ええっ、パークの中の鹿？　そんなの捕まえてはだめだろう」

「別に気にすることはないさ。こんな砂漠の中、誰も見ている人はいない。食べたくなきゃ、お前は食べなくてもいいんだ」

「いや、そういうつもりで言ったんじゃないけど。どうやって、捕まえるんだよ？」と訊くと、

「これだよ」と上着の内ポケットからピストルを取り出した。

「ええっ！　そんなもんで」

この国では、普通の男なら、たいていピストルを持っている。そうか、そんな使い方があったかと思った。

車は、いつしかブッシュ（草木）の多い地帯に入った。ナショナル・パークに違いない。ナショナル・パークといっても、境界があるわけでも何でもない。ただ何となく、このあたりだなというだけである。

鹿の群れはすぐに見つかった。エチオピアでは動物の中でも鹿が最もポピュラーなのだ。車は、鹿の群れを追い始めた。鹿たちは右に左に逃げ始めた。車は数の多い右の群れを追った。鹿たちは必死で逃げる。車はスピードを上げる。時速六十キロぐらいだろうか。今度は、左の群れを追いかける。それを繰り返していると、やがて数頭に絞られていく。後部座席のスタッフが拳銃を取り出し、前を走る鹿に銃口を向けた。今にも撃ちそうだが、車が揺れて、狙いが定まらない。

そのうち、運転手が「止めろ」という。撃つと余計に鹿を驚かせて、とても命中させることは無理。「それよりもいい方法がある」と運転手はいいながら、アクセルを踏んだ。鹿は反応して、右に左に車をかわそうとする。それに合わせて、車も左右に揺れる。時にタイヤが何かに乗り上げるのか、ドンと音を出しながらジャンプする。鹿と車の距離は次第に縮まっていく。

危ない。これではぶつかってしまう。そう思ったが、後部座席で声援が飛ぶ。運転手もにやりと笑っている。

そうか。そういう手があったか。ぶつけて、轢《ひ》き殺すつもりなんだ。

次の瞬間、鹿の走るスピードが落ちた。疲れてきたのだ。それはそうだ。五分も走れば、動物は息切れしてくる。それに比べて、車は疲れることはない。

ゴトン！

車が何かにぶつかり、少し揺れた。轢いてしまったのだ。後部座席がワーと大きくざわついた。ブレーキをかけて車が止まった。運転手がドアをあけ、後方に向かって走った。他のスタッフも私もそれに続いた。

鹿は即死したようで、少しも動かない。皆の顔から笑みがこぼれていた。その日のランチは、皆で鹿を捌《さば》き、枯れ木を集めて料理した。久々の肉をたらふく食べた。

したたかなエチオピア難民

難民救済委員会の広報マンとしてエチオピアの各地を回っていたわけだが、難民広報とは難民がいることを世間に知らしめて義援金を稼ぐことである。私は、次第にそのことに気づき始めた。

エチオピア政府は、最初自分たちの国に飢餓難民がいることを隠蔽《いんぺい》していた。それをBBCが告発して、それが原因となって帝政は崩れた。新たに立った軍事社会主義政権は、今度は難民がいることを宣伝し、世界中から資金を集めることに方針を百八十度変えた。それによって、莫大な金が入ってくるようになった。

それが証拠に、私が勤める難民救済委員会は、新しくできた組織なのに絶大な力を持っていた。たいていのところはフリーパスで通れたし、私が撮った難民の映像や写真は、テレビでも新聞でも優先的に報道できた。

私から見れば、難民救済という名目で集めた資金は、救済というよりも開発に使われているように見えた。難民がいようがいまいが、遊牧民を定住させて農民にしたり、サバンナの一帯を大規模農園（プランテーション）に開発したりしているのである。それは貧しい人たちを安定した農民に仕立てるという意味では救済につながる。しかし、私にとってはどこか腑に落ちない部分があった。中国から支援物資として届いた大量の小麦粉をアラブの国に売り、武器と交換しているという噂まであった。

あるとき、ケニア国境に近いアルバミンチというところに難民がいるというので、取材に行った。干ばつが続き、農民たちが飢えに苦しんでいるというのである。そこでは、小作農たちが力を合わせて灌漑《かんがい》用水を作っていた。プランテーション作りである。しかし、私が驚いたのは、そこへ行く途中で、農民たちが道端で穴を掘っているのを見かけた時のことである。私は農民たちに尋ねてみた。

「ここで何をしているんだ？」

するとと農民の一人がアムハラ語で、

「見ればわかるだろ、穴を掘っているだけだ」

と答える。同行していた私の上司タショマが英語に通訳してくれる。

「穴を掘っているのはわかるが、何のための穴だ？」

「トウモロコシとか豆を入れておくんだ。そうすれば、長持ちする」

「ええっ、そんな話聞いたことないぞ」と私。

「このあたりじゃ、みんな毎年やっていることだよ」という返事。

何か凄いことを聞いた気がした。干ばつ続きで食べ物がないと思って救済委員会が食糧を持って来ているのに、どういうことだと思った。彼らは、ちゃんと食糧を持っているし、保管方法も知っているではないかと。

私は、タショマに聞いた。

「そんな食べ物の保存方法があるって知っていたか？」

するとタショマは、

「いやー、知らなかった。これも農民の知恵というヤツだな」と何も気にしていない様子だった。ただ感心している。

「問題にならないのか？」

「まあ、いいんじゃないの。彼らは賢いよ」と笑うだけだった。

私は、エチオピアに住む日本の友人の話を思い出していた。それは、エチオピアにも日本の「さるかに合戦」に似たおとぎ話があるという話だった。しかし、最後のオチが違っていた。日本のそれは、意地悪なサルがカニを騙《だま》して柿を全部食べてしまい、カニを殺してしまう。そのサルを、栗、蜂、牛の糞、臼が力を合わせて懲《こ》らしめるというストーリーだ。ところがエチオピアでは、「賢いサルでした」というオチらしいのだ。ところ変われば、考え方も違うものだと思った。エチオピアでは、〝ずる〟をしても賢いヤツのほうが尊敬されるのだ。

以来、私は難民の話すことに対して、疑念をいだくようになった。

第四章

新聞カメラマンの現実

★アメリカの教育 体験リポート ―8―

「ゲイとレズのパーティー開催」・大学の手紙箱に招待状が入っていた。

夜、会場のマンションのブザーを押した。見覚えのある美しい女性が出てきた。「本当のゲイじゃないとダメよ」とあっけなく断られた。女性は、ウォールストリートジャーナルの記者兼コロンビア大学の講師であった。

最初の写真の授業の日、私は緊張していた。ニューヨークタイムズの写真編集をしている先生は黒人、ボクサーのような攻撃的な目をしていた。二度、私に質問を浴びせた。私が日本の現役フォトジャーナリストであり、英語が未熟であることを知っていた。恥をかかせるつもりでいたのだろうか。

大学の酔っぱらい先生

先生の英語はハーレムなまり、機関銃のようにまくしたてる。酒が好きで、授業中もビールを飲みながら。宿題の日など、一日六本もあけた。

バーで一緒に飲んでいる時、酔っぱらい先生は「君は天才的フォトグラファーだ」と褒めた。だが、後日、学生の前で私の英語をけなしていた、と友人が耳うちしてくれた。

ある日、先生が暗室の流し台に小便をしているのを見た。私は彼から学ぶものはなかった。学生から学長の所に、先生への抗議があったという。彼は辞職した。

冗舌と酒豪でハーレムからニューヨークタイムズにまではい上がり、白人の妻を手に入れた彼の寂しい半生を思った。

（吉岡　逸夫写真部員・写真も）

（おわり）

▲写真の講義をする先生。学生もジュースを飲みながら――ニューヨーク市のコロンビア大学で

米国留学体験を帰国後に中日新聞で連載

「お前は、ただのヒッピーだ」

二度にわたるエチオピア訪問から帰国した私は二十六歳になっていた。エチオピアで飢餓や革命、娼婦との生活などを体験し、曲がりなりにもジャーナリストのような行動をしてきた私にとって、興味の対象が外国や新しい事実の発見へと向いていた。その流れで、あるドキュメンタリーの制作会社に入りたいと思った。その会社は「日本映像記録センター」。日本テレビ系列で、世界の少数民族などを文化人類学的に記録する硬派の制作会社である。業界では有名な名物プロデューサー、牛山純一が設立した。

もはや私は、この会社で働きたい、いや、この会社以外では働きたくないと熱望するまでになっていた。「どんな仕事でもいいから働きたい」と同社を訪ねた。

「それでは、今通訳が不足しているから、通訳の試験を受けてみますか」と言われ、試験を受けた。結果は見事「不合格」だったが、履歴書を見た牛山社長が、私に会いたいということで、呼び出された。そして、焼鳥屋に連れていかれた。そこで私と牛山は酒を酌み交わしながら話したが、突然牛山が怒り始めた。

「お前は、ただのヒッピーだ。本当にやりたかったら、カメラマンだろうが、ディレクターだろうが、十年辛抱しなければならない。なのに、お前は日本とエチオピアを行ったり来たり、おまけにヒッピーのようにウロウロ旅をしているだけではないか」と店中に聞こえるように怒鳴った。要は、「辛抱が足りん。徒弟《とてい》制度に従え」ということなのだろう。しかし、初めて会った人間に、よくここまで怒れるものだ。

私は驚いて、何も言い返せなかった。

「お前なんか、入れるわけにはいかない」

牛山は、訣別の言葉を投げた。

その夜、私は眠れなかった。日本映像記録センターに入社できないのであれば、他の会社でドキュメンタリーを作る気はしなかった。もう、どうにでもなれと思った。

しかし、食べていかなければならない。翌日から、私は就職活動を再開した。しかし、ドキュメンタリーにはこだわっていなかった。自分の能力が生かせるなら、食べていけるならどんな職業でもかまわないと思っていた。履歴書を二十通ほど送った。一日三度も面接を受けたこともあった。

新聞社に入社

縁あって、海外旅行業界の専門誌を発行するオータ・パブリケイションズという出版社に入社することができた。作文を書いただけで、特別な試験はなかった。「君は青年海外協力隊員だったのか。元気よさそうだな。よし、明日から来なさい」という社長の一言で決まった。職種は編集だったが、時々は営業もやることになった。社員二十五人ぐらいの小さな会社だったので、何でもやるしかなかった。私には記事を書いた経験も、営業の経験もなかったが、多様な仕事を覚えられたのは、幸運だった。

一年半で退社し、次に入ったのが中日新聞社だった。二十七歳のときだった。中途採用だったが、運よく受かった。新聞社の受験資格は「大学卒」と思っていたが、同社は地方紙だったので、そこは厳密ではないようだった。実は同時期に、私は出版社ブロンズ社の社長から「独立しないか。資金は私が出すから、旅行雑誌を発行してほしい」という申し出を受けていた。以前、その出版社から私の処女作である写真集『わがエチオピア人《びと》』を出版していた。

「出版社を立ち上げて、私に何をやれというのですか?」

と私が問うと、社長は、

「営業をやってくれ。それと、雑誌のイメージを作ってくれ」というのだ。私は当時二十七歳。とてもそんな器を持っているとは思えなかった。それに、「なんで俺が営業だ」と疑問も感じた。私は人と話すのが苦手で、営業なんてとてもできないと思っていた。

しかし、思い当たることが一つだけあった。写真集を出した後、ブロンズ社はアフリカのガイドブックを出版した。その時、私は社長に「広告を取ってきてもらえないか」と頼まれた。

名もない私の写真集を出してくれたお礼の気持ちもあり、アルバイトのつもりで引き受けた。それで、旅行業界のアフリカ関係の会社を回ったら、何本かの広告が入ってきたのだ。社長はそのことに驚いたようだった。私は別に熱心に集めたわけでもないし、ただ「こういうガイドブックが出ますので、よかったら広告を出しませんか」と尋ねただけだった。

旅行業界誌で編集から営業までこなした

しかし、私が最も苦手だと思っていた営業という能力を、そんなふうに見てくれていた人がいることに不思議さを覚えた。「そうか。営業とはしゃべりがうまいとか、押しが強いとか、そういうことではない。ただ相手に嫌われなければ、ある程度はできるのだ」

そう思った。しかし、私は独立することはしなかった。

その頃、もうひとつ舞い込んできた話があった。友人の一人に「サウジアラビアのリヤド大学に留学しないか」と誘われた。条件は、イスラム教徒になること。そうすれば、四年間の留学費用を全部サウジが面倒みてくれるというのである。そのころ、オイルショック後で、日本と中東とは関係を深めつつあった。日本は「石油がほしい」。サウジは「イスラム教徒を増やしたい」という思惑があったのだろう。それに、サウジは大金持ちの国。四年間日本の若者一人留学させるぐらいはどうってこともないのだと思った。

「しかし、四年は長いな。一年か二年じゃだめかな」

私は友人に聞いた。友人はイスラム教徒で、その世界では顔が広いようであった。

「まあ、その時はその時でいいんじゃない」

友人は答えた。

「じゃあ、行くよ。どうしたらいい。どうやってイスラム教徒になるの。洗礼か何かあるの？」

「そんなものないよ。モスクでイスラム名をもらえばいいだけだよ」

「じゃあ、やってよ」

私の人生はサウジへと向いていた。しかし、私ははたと考えた。

これまでエチオピアに三年近く住んで異国の文化を体験したが、国は違うとはいえ、同じことをやろうとしているのではないか。ハツカネズミが、かごの中で丸い回転器具の中でクルクル回っているのと同じなのではないか。自分は生涯、こんな暮らしを続けるのだろうか。

たとえ、アラブの珍しい写真をたくさん撮って、新たに写真集を出版できたとしても、それで自分は生活できるようになるのであろうか。エチオピアの写真集を出したからといって、食べていけるわけではないことは理解したはずではないか。そんなことより、本当に自分は、砂漠の国へ一人で行きたいのか、という根本的な疑問がわいてきた。

友人は、モスクからもらってきた私のイスラム教徒である証明書らしきレターを持ってきた。私のイスラム名が書かれていた。「アーマッド……」

「これで、私はイスラム教徒か。たったこれだけで、自分はお酒を飲まなくなったり、一日に五度のお祈りをしたりしなければならないのか」

「そんなに気にしなくていいよ。俺だって酒は飲んでるし、礼拝をきちっとやってるわけではないから。インドネシアやマレーシアなんか、ゆるいからお酒を売っていたりするだろ。イスラムっていってもいろいろあるよ」と友人は言った。

そんなものかと思ったが、一度振り返った思考はとどまらなかった。

結局、私はイスラム教徒になる話も、独立してフリーランスになる話も断って、中日新聞社に入社することになった。当時、私には結婚を約束した女性がいた。「サウジに行くなら待っているし、独立したいなら、してもいい」と言ってはくれたが、私自身独立は自信がなかったし、サウジにひとり旅立つのが寂しくなったのかもしれない。自分の内に問うてみた。

自分がエチオピアに行ったのは冒険家やカメラマンになりたくて行ったわけではない。日本が嫌で飛び出しただけである。写真集が出たのも結果であり、目的ではなかった。自分の生い立ちは、親を早くに亡くし、冷たい家族や親戚、日本の狭い常識に適応できなかったからであって、本心は、温かい家庭を作って、穏やかに暮らしたいだけだということに気づいたのである。

「お前はそれでも人間か!」

新聞社のカメラマンになったものの、スムーズな出だしとはいえなかった。というのは、私は内定をもらってから、すぐに入社を決めたわけではなかった。私には、前に書いたように、独立する夢もサウジに行く夢もあったので、返事をずっと先延ばしにしていた。結婚の予定もあり、ずっと迷っていたのである。入社条件にも不満があった。入社しても二年間は嘱託で二年後に正社員になるということだった。

私があまりに返事を延ばしていたものだから、名古屋本社担当役員の管理局長が業を煮やして、「明日、東京に行くから、会って話し合おう」ということになった。

私は、重役である管理局長に迷いを告げた。局長は、

「わかった。じゃあ、特例として嘱託期間は一年でいい。一年後に正社員にする。結婚式を挙げてからの入社で構わない。一か月後でどうだ」と了承してくれた。

そして中日新聞社写真部にいよいよ配属されるのだが、どうも周囲の目がきつい。後にわかったのだが、写真部では、「新人はなぜ来ないのか。忙しいから早く手伝ってほしい」と先輩たちは心待ちにしていたそうなのだ。ところが、いろいろな条件をつけて、延ばし延ばしにしているという噂を聞き、「なんと生意気な。そんな奴は入れなきゃいいのに」とムードが変わっていたのである。

入社してからもよくいじめられた。何か口答えしようものなら、「十年早い」と怒鳴られ、標準語が気に入らないとも言われた。宴会の時、つい酒が回って先輩と議論していたら、「お前はアカか」とも言われた。

私が新聞社に入って、最初に撮った写真は「サンマ」の写真である。今年はサンマが安いとかの生活経済部の記事に付けるサンマそのものの物撮《ぶつど》りである。それまで、アフリカの地で革命だ、難民だ、娼婦だ、飢餓だと駆けずり回っていた身にとっては、情けない気

がしたが、家に帰れば新婚生活が待っていた。家庭を守るためには少々のことは我慢しなければならなかった。

新聞社カメラマンの仕事というのは、外ヅラは悪くなかったが、実際に撮るものは、展覧会だったり、盆踊りだったり、デパートの催事だったりときわめて日常的で地味なものが多かった。たまに殺人事件や誘拐事件、火事や災害などの非日常感のある取材もあったが、これはこれで辛い仕事だった。火事は、たいてい夜中に起こされるし、災害や事件は終わりが見えないので体力と忍耐力が必要だった。

ある夏の日、岐阜県の山間部を台風が襲い、小さな村が土砂崩れにあった。私はヘリコプターで現場に運ばれ、空き地に降ろされた。台風の傷跡を撮影するためだ。山を登ったり、下りたりするのはくたびれた。何をどう撮っていいのかもわからない。出たとこ勝負なのである。村の中腹部に小さな広場があった。そこに村人たちが集まっていた。救助隊の姿も見えた。私がそこで一休みをしていると、救助隊の人たちが数人がかりで袋に包んだものを運んでいる。遺体だとすぐ察知できた。土砂の中から掘り起こされたのだ。

遺族の男性一人が近寄り、遺体を抱えた。そして、近くにあった水道のところまで運び、泥だらけの遺体を洗い始めた。感動的なシーンだと思い、私は後ろから近づき、カメラを構えた。その時、男は何かを感じたのか、振り返って私を見た。そして、「この野郎、お前はそれでも人間か！」と怒鳴りつけた。周囲にいた村人たちも射るような視線を私に浴びせた。

　また、ある冬の夜、名古屋市内で民家の火事があった。私が駆けつけた時には、まだ炎が上がっていた。私は燃え盛る民家に向かってストロボを何度も浴びせた。その時、ファインダーの中に男が現れ、さかんに撮影を阻止しようとしている姿が見えた。ファインダーから目を外すと、その男は、「人の家が燃えるのが、そんなに面白いか！」と私に罵声を浴びせていた。

　以来、私は、できるだけ被害者や遺族を撮らないようになった。デスクに「なぜ撮らなかった」と叱られることもあったが、それでもいいと思うようになっていた。

　新婚生活はうまくいっているように見えたが、子育てでつまずいた。長女が順調に育たないのだ。ミルクを通常の半分しか飲まず、その分成長が遅れた。性格も消極的に育った。いろいろ調べたが、原因はよくわからなかった。かといって、放っておくわけにもいかず、いい幼稚園を求めて奔走する日々だった。

　その頃、長男が生まれたのだが、私は二週間の出産休暇をとった。それが、写真部長の怒りをかった。「吉岡よう、お前がこの写真部で出産休暇をとった最初の人間だ」。制裁なのか、直後に石川県金沢市の北陸本社への転勤命令が下った。

私は家族を連れ、泣く泣く金沢に向かった。寒い地で、その冬には雪が二メートルも積もった。

妻は結婚前、航空会社に勤務しており、ロンドン留学の経験もあった。バリバリ働きたいと思っていたので、こんな地方でくすぶっている状況に我慢できない様子だった。そんな現状から脱却すべく、私は米国への留学試験に挑戦した。

当時、ジャーナリストを対象にした奨学金留学試験がいくつかあった。名古屋勤務時代に三度受けたが、すべて不合格。金沢に来ても諦めきれず、東京まで試験を受けに行った。四度目は「モービル・コロンビア留学」という名称で、石油会社と米国のコロンビア大学大学院が共同で運営、期間は一年というものだった。

前年にも受けて、「ノー」を突きつけられていたが、ついに受かってしまった。審査委員長曰く、「君の情熱には負けたよ」。根負けした様子だった。

私としては情熱というよりも、家族を救おうと必死だった。妻は、「留学試験に受からなくとも、私は米国に行く。向こうに移住する。子どもは、米国のフリースクールに入れる」と言っていた。

妻は、私よりはるかに強い性格で、信念を持っていた。貯金がそんなにあるわけでもないのに、どうやって見知らぬ米国で暮らすというのだろう。私は不安だった。米国で路頭に迷わないように、どうしても留学試験に受かりたかった。合格の知らせを受けた時の心情としては、安堵だけだった。

同時に、日本の大学も出ていない私を、大学院に受け入れようという米国に感動した。日本ではあり得ないことだ。いわゆる飛び級なのだが、米国は凄い国だと思った。

コロンビア大学への留学

ニューヨークのマンハッタンにあるコロンビア大学大学院ジャーナリズム科（Jスクール）。そこが私の留学先だった。Jスクールは、米国のジャーナリズム界では名門中の名門といわれていた。理由はいくつかあった。Jスクールは、ピューリッツァー賞を設立したかつての新聞王ジョーゼフ・ピューリッツァーの寄付で開校した大学院で、ピューリッツァー賞委員会の事務所が中にあった。

そして、教授、講師陣にはニューヨーク・タイムズやウォールストリート・ジャーナルなど一流紙の出身者や現役記者が多かった。米国は実力主義でもあるが、コネ社会でもある。だから、学生もコネを利用して一流紙に入れる可能性も高い。ましてや、マンハッタンには一流紙が多くチャンスもあふれている。

しかし、私は入学してみてガッカリすることが多かった。まず、これはシステムの問題だが、米国において大学院とは研究機関ではなく、実践の場なのである。日本でいう専門学校に近かった。授業は、実際に取材して記事にしたり、写真を撮ったりするのが大半だった。だから、写真において実践経験の多い私としては、すでに知っていることばかりなのである。新たに学ぶことはほとんどなかった。

おまけに、私のメインの授業である写真の先生は、ニューヨーク・タイムズ・マガジンのカメラマンで、私が現役の新聞カメラマンと知ると、ライバル意識を感じるのか、意地悪ばかりするのだ。私の前では、丁寧に私の写真をほめるのに、裏では「あの日本人は、発音がひどいからなあ」と他の学生に悪口を言っていたらしい。その先生は黒人だった。きっと貧しい出で、いろいろな差別を受けながらもニューヨーク・タイムズというエリート新聞のスタッフにまでのし上がったに違いない。目つきが悪く、心も屈折しているようであった。

卒業間近に、先生は私に「私の出した課題をやっていないから、君には単位をあげられない」と言い始めた。私は彼に「私は、日本の新聞社でそういった課題を毎日のようにやっているから、他の課題にしてくれ」と頼んでいた。先生もその点は了解していたはずだった。私は単位をもらうために、最後の手段を使った。先生に次のようなレターを出したのである。

「もし、私が単位をもらえないようであれば、私はあなたの講義の模様を学部長に報告します。たとえば、あなたが授業中にビールを飲んでいたことや、暗室のシンクで小便をしていたこと……」

結局先生は単位をくれた。

卒業にあたり、私は「報道写真の嘘と暴力——日米ジャーナリズム比較」という論文を書いた。それは、いかに写真が嘘をついたり、暴力的だったりするかを追究したものだった。当時、日本の雑誌ジャーナリズムは「フォーカス」や「フライデー」などの写真週刊誌全盛時代で、死体の写真や下品な写真、名誉を棄損する写真などが出回っていた。実は、米国にも似たようなイエロージャーナリズムの時代があった。そんな時代への反省からJスクールが設立されたといういきさつもあった。

きっと米国ではオンブズマン制度があり、監視機能が発達しているのだろうと想像していたが、現実は違っていた。オンブズマン制度が発達しているのは北欧であって、米国にはほとんどオンブズマンはなかった。では、どうやって米国では問題を解決しているのか。答えは「裁判」だった。米国の一流紙はほとんどが裁判で解決していた。「文句があるなら、訴えろ！」と強気なのである。しかし、損害賠償でつぶれる新聞社も出てきているので、訴訟に対処する保険制度も充実していた。

しかし、いきなり裁判で闘うなんて米国らしい勇ましさがあると思った。それに、いろいろな米国の写真を見るにつけ、日本ではお目にかかれないような優れた写真があった。日本のカメラマンのほうがテクニックは優れており、皆平均的な仕事はできるが、米国にはとびぬけた天才が存在すると感じた。記者にしても、日本の記者は「五十行で書け」といえば、きっちり五十行で書ける。米国の記者は、そんなことはどうでもよく、はみ出したら「続きは〇〇ページ」と書けばいいのである。

なんといっても、世界的なスクープは米国に多い。それは、システムの違いからだ。日本のメディアでは、ほとんどが社員ジャーナリスト。つまりサラリーマンだ。スクープを取っても給料が上がるわけでもなく、出世は派閥や学閥で決まる。米国では、スクープを取れば、給料が何倍にも上がったりする。荒っぽく大胆な世界。戦場カメラマンなど、まるで西部劇の賞金稼ぎのように、前へ前へと命がけで進む。

私は、論文の最後に「日本のジャーナリズムは盆栽的で、米国のジャーナリズムは大木主義である。日本のジャーナリストは器用で細かく、美しくまとまった記事や写真を提供するが、米国のそれは、まるで荒野に立つ大木を育てている。どうしようもない雑草も多いが、それらは淘汰《とうた》される。同じジャーナリズムの世界だが、両国の間には文化的な違いが横たわっている」と書いた。担当の教授は「独特の視点で分析した素晴らしい論文」と評価してくれ、私は無事大学院を修了することができた。

しかし、私の留学の本当の目的は勉学ではなかった。中日新聞社は、一年間の休職を認めてくれていたが、私の真の目的は米国への移住だった。それこそが、妻の望んでいたことだった。

米国滞在中は就職活動に励んだ。新聞社と雑誌社を中心にいろいろな媒体に職を求めてレターや作品を送った。しかし、どこの馬の骨ともわからぬ日本人を雇うようなメディアはなかった。ロサンゼルス・タイムズとナショナル・ジオグラフィックだけは面接をしてくれたが、結果はダメだった。

同時に、永住権の申請もした。その年、日本人移民の空きができたらしく、抽選で永住権を得られるチャンスがあった。私は、申し込みのレターを二百通出した。二百通を一つのポストに入れても当選しないだろうと思い、車でポストを探し回って入れた。そのかいあって当選し、永住権を取得できた。しかし、私の就職は決まらなかった。

降ってわいた海外取材

中日新聞社に戻るしか道はなかった。日本の田舎に帰りたくない妻は、ついてこなかった。妻は米国に残り、私はひとり帰国し、東京本社に単身赴任となった。そして、離婚が待っていた。子どもたちは妻が引き取った。

私には孤独しかなかった。寂しさを紛らわすために、仕事に没頭した。自主的に休日も返上して働いていた。働いていると気が楽だった。休日は記者からのオーダーがあるわけでもないので、自分でネタを探し回って、写真と記事をまとめて売り込んだ。

週に一度は掲載されるようになった。私が記事を自分で書いたのには理由があった。

当時、私は月十万円で暮らし、残りの給料をすべて別れた家族に仕送りしていた。ギリギリの生活だ。記事が掲載されれば取材費と称して一回五千円ぐらいは請求できた。カメラマンではそうはいかない。取材費というのは、たいてい取材相手にインタビューするので、飲食費が請求できるというわけなのだ。週に一度記事を書けば月に二万円にはなった。

そんなある日、私の働きぶりを見ていた写真部長から声がかかった。

「吉岡君はよく働くね。感心、感心。ご褒美に海外取材に行かせてあげるよ。今、わが社では日曜版企画で『世界のマーケット』をやっているだろう。次の取材予定は南太平洋か東欧だが、どちらでも好きなほうに行っていいよ」と言うのである。

私は迷わず東欧を選んだ。そのころ、ソ連崩壊の前兆で、共産圏が揺れていたから、面白そうだと思ったのだ。一九八九年のことだった。

第五章

東欧崩壊、そして湾岸戦争

米国がイスラエルに配備しているパトリオット迎撃ミサイル。写真は、イスラエル軍の検閲により、位置がわからないよう稜線がマジックで消された

背後から羽交い絞めに

私は一九八九年秋、経済部のベテラン記者とともにポーランドのワルシャワに入った。日曜版用には、青空市場を取り上げた。いわゆる闇市場だ。ポーランドの経済はガタガタで、品不足の公設市場よりも闇市のほうが盛況だったからだ。市場の企画取材は週に一本のスケジュールだったが、それは二、三日で終わった。私は余った時間に一人でワルシャワを見て回った。

共産主義の国なのにディスコがあったり、本格的なオペラがたった二十円で観劇できたりするのは驚きだった。共産主義を嫌い西側に逃げ出そうと、西ドイツ大使館の庭に亡命者が押し寄せているのはニュースだと思った。それらの写真フィルムと記事をまとめ、次の訪問先の西ベルリンから航空便で本社に送った。当時は、携帯できる写真電送機もインターネットもなかったので、それしか手段がなかったのだ。

驚いたのは本社だった。そのころは海外ニュースの写真の大半はAPやAFPなどの海外通信社に頼っていた。自社のカメラマンがニュース写真を送ってくるなどということはほとんどなかった。それに、私は企画取材で行っているのであって、ニュースのためではない。さらに、カメラマンが自分で記事を書くということもまだ珍しい時代だった。

私のポーランド報告は、夕刊の一頁全面を使って掲載された。そのあと、東ドイツのライプチッヒで大きなデモがあったので、私は急行した。そのニュースも掲載された。

東ベルリン、ハンガリー、ブルガリア、ユーゴスラビアと、私と記者は約一か月かけて回った。少しスケジュールに余裕があったので、私は記者と別れて他の東欧に行くことにした。残っていたのは、ルーマニアとチェコスロバキア。当時は、チェコとスロバキアは同じ国だった。ルーマニアは東欧の中では最も貧しかった。町の市場に行っても、品は少なく、貧弱な果物や野菜しか売っていなかった。服装もみすぼらしい。東ドイツなど、普通の市民が別荘を持っているのが当たり前で、「日本より豊かではないか」と思ったほどだったので、ルーマニアの貧しさには少々驚いた。

プラハ（チェコスロバキアの首都）で、「大勢の人々がプラハ駅から西側行きの列車に乗ろうと押しかけている」との情報を得たので、駅に向かった。列車は夜に出発。確かに、リュックを背負った家族連れの人たちが列車に乗り込んでいる。もう満員だ。これでは東欧から人がいなくなる。全員脱出だ。私は何枚も何枚もシャッターを切った。そのたびにストロボから出る光が列車を照らした。

その時、私は背後から羽交い絞めにあった。私よりはるかに背が高く屈強な警官だった。私に向かって怒鳴っているが、言葉が通じない。しかし、意味はつかめた。よくあることだが駅などの公共施設は撮影禁止だ。東ドイツなど、秘密警察がずっと私につきっきりだった。チェコスロバキアも共産圏なのだから、自由に取材できるわけはないのである。私は連行された。とても逃げ出せそうにはない。警官は強そうだ。しかし、警察署に連れて行かれたり、留置場に入れられたりするのは嫌だ。

私は決心した。カメラの裏ブタを開けてフィルムを取り出した。そして、警官の目の前にフィルムをかざした。警官は「なに？」と目を剝いた。その拍子に私は、他のフィルムも缶から全部引き出し、すべてを感光させた。駅で撮影した画像はすべて真っ黒になったはずだ。警官もその意味を察した。

「これでいいだろう」

私は、警官の顔の前でフィルムをちぎって差し出した。警官は黙って私を釈放した。私は彼を睨みつけながら、その場を去った。

東欧の人たちが逃げ出すのは、経済的に豊かな西側へのあこがれもあるが、自由を求める力のほうが大きいのではないかと思った。

翌日、私は全東欧を回ったフィルムを、記事をつけて再び宅配便で送った。それも、夕刊一面を使って、大々的に掲載された。

帰国途中にベルリンの壁崩壊

私は意気揚々と帰国したが、大きなミスをやらかしてしまった。帰りの飛行機に乗っている間に、ベルリンの壁が崩壊したのだ。成田空港に到着し、東京本社に帰国のあいさつに立ち寄った。すると、編集局が妙にざわつき、ごった返している。私がデスクに

「どうしたの。何かあったの？」

と問うと、

「やあ、吉岡君。久しぶりだね」

「はい、東欧から今帰ってきました」

というと、

「東欧？　今大変なんだ、東欧は」

「何かありました？」

「何を言っているんだ。あのベルリンの壁が崩れたんだよ。もう、編集局中大変なんだよ」

「ええっ！　ベルリンの壁が崩壊したんですか？」

「なんだ、君は知らなかったのかね。今まで東欧にいたんじゃなかったのか」

驚いた。私が東欧から日本までの飛行機に乗っている間に起こった世紀の大事件だ。私は東欧にいながら、そのことを察知できなかったのだ。今、東欧に残っていれば、すぐにベルリンで世紀の大ニュースを体験できたのに、と悔やまれた。

その夜、そのデスクと特別報道部の仲間が、「吉岡君の帰国祝いをしよう」と行きつけのすし屋に集まってくれた。皆、東欧にいた私がベルリンの壁崩壊という大ニュースを知らなかったことに大笑いした。そして、デスクが提案してくれた。

「吉岡君。この歴史的大ニュースは、それほど突然やってきたということだよ。君の乗ってきたジェット旅客機を追い越したということ。今夜家に帰って、徹夜してでもいいから東欧のルポを書きなさい。そうだな。見出しは『ベルリンの壁崩壊のニュースは、ジェット機を追い抜いた』だな。明後日の朝刊は、それでいこう」

私が必死でルポを書いたことはいうまでもない。

また、編集局長が私を呼び、別なアイデアを提案した。

「吉岡君。東欧の写真を全部ここに並べなさい」と命令した。

写真を並べた。それを編集局の幹部たちがそろって見つめた。幹部たちは、ニュースで使えそうな写真を選び出した。翌日から一面で東欧の写真の展開となった。

ベルリンの壁、対照的な西側（上）と東側（下）

ベルリンの壁を西側から撮った写真と東側から撮った写真を二枚並べたページは圧巻だった。西側のそれはまるで現代アートのようなカラフルな落書きで塗りつぶされていたが、東側のそれは、装飾らしきものは何もない灰色の壁が延々と続くだけだった。それは、西側の自由奔放さと、共産主義の冷え切った空気を象徴したものだった。

イラクのクウェート侵攻

東欧の崩壊の報道で私が思わぬ活躍をしたので、気をよくした編集局長が私に再びオーダーを出してきた。中東の雲行きが怪しくなったので、「吉岡君、今度は中東に行ってくれないか。前と同じ日曜版企画『世界のマーケット』の取材だ。もし戦争になったら、企画は放っておいていいから、戦争の取材に入ってくれ」といった。おまけに、「記者はつけないから、吉岡君一人で記事を書いて、写真も撮ってくれ」と付け足した。私としては好都合だった。記者と二人で動くよりも一人で動くほうが気楽だった。

私は、オマーン、イエメン、アラブ首長国連邦、スーダン、それから古巣のエチオピアを回った。戦争はまだ起こらないようだった。企画取材はさっさと終え、時間を作り、イスラエルへ遊びに行った。

現代の紛争のことを考えるとき、イスラエルを見ておかなければ何もつかめないという気がしていたからだ。私の勘は当たった。イスラエル、特にエルサレムを見たとき、ユダヤ教、イスラム教、キリスト教の関係性が理解できた。同地にはこの三大宗教の聖地が隣り合うようにあり、今でも争いが絶えないからだ。実際、私が入る二週間前にも、ユダヤ人とイスラム教徒であるパレスチナ人との間で死者二十一人、負傷者約三百人を出した「東エルサレムの流血事件」が起きたばかりだった。

私は、その事件の傷跡をルポして回り、原稿として日本に送った。今度は航空便ではなく、イスラエルにあったAP通信の事務所を通して電送機で送ってもらった。中日（東京）新聞は、同通信社と契約をしているので、いざというときに頼れる。ついでに、イエメンで取材していた、サウジアラビアから逃げ出すイエメン人の難民のレポートも送った。私のルポは、両方とも夕刊の一頁を使って掲載された。

まだ時間があったので、ヨルダンの首都アンマンに寄った。世界中のジャーナリストたちが集まっていた。イラクがクウェートに侵攻したことで、クウェートに在住していた世界中のビジネスマンやその家族たち百人を超える人々が人質として捕らえられていた。日本人も四十一人いた。その人たちを解放させようと世界中が動いていた。

日本の大手新聞社の記者、カメラマンも集まっていた。私がホテルでウロウロしていると、なじみのある朝日新聞の松本逸也カメラマンが声をかけてきた。

イラクに潜入し、日本人人質解放のニュースに遭遇

「吉岡じゃないか。お前もバグダッドに入るのか？」

「入らないよ。ビザが取れるわけないし」

「じゃあ、取ってやろうか？」

当時、イラクへの入国ビザを取得するのは至難の業《わざ》だった。ところが、そのころスポーツ平和党の猪木寛至参議院議員がイラクを訪問する計画で、その関係でテレビ朝日と朝日新聞だけは訪問団として同行取材することになっていた。松本カメラマンは、なんと私の名前をその一行の名簿に付け加えてくれたのだ。ライバル社であるにもかかわらずだ。私は心底感謝した。

しかし、問題があった。入国できたとしても、その記事をどうやって日本へ送信するかだ。AP通信を利用することも考えたが、バグダッドに事務所があるのかわからない。聞けば、共同通信が明日アンマンに入り、その後イラクに入国するという。私は翌日、共同通信のカメラマンを空港に出迎えに行った。面識はなかったが、共同通信とわが社は大いに関係があった。そもそも共同通信は、地方紙が設立した通信社である。中でも中日新聞は大株主であり、協力関係にある。

私は、共同通信と一緒に取材し、記事や写真も送ってもらう約束を取りつけた。猪木議員は、思わぬ成果を成し遂げた。日本人人質の解放にこぎつけた。日本人だけでなく、外国人も解放されたので、猪木議員の手柄かどうかは疑わしかったが、タイミングとして猪木議員の訪問が重なり合った。

人質解放のニュースは、連日一面を飾った。私は大忙しだった。本社も大いに喜んだ。何しろ、私がビザを持っていないことは本社も知っていた。そして私がどのようにバグダッドに入り、どうやって写真を送っているのか知る由もなかった。

「戦争が始まりそうだから、行ってくれないか」

帰国した時にはヘトヘトに疲れていた。一人で連日一面、社会面、特報面に掲載する記事を書き、写真を撮った。目いっぱいの労働だった。取材のやりすぎで、イラク警察に連行もされた。

しばらく休みたいと思った。編集局長の期待には十分に応えたつもりだったし、私は中東での仕事に満足していた。

ところが、一か月もしないうちに写真部長から電話がかかってきた。湾岸戦争である。

「戦争が始まりそうだから、行ってくれないか」という。

「君しか行く人がいない。みんな行きたがらないんだ」という。それはそうだろう。戦争取材の経験者はいない。誰だって、死ぬのは嫌だし、何を撮っていいのか見当もつかないだろう。

だが、私は引き受けた。戦争に興味があったわけではないが、断る理由が見つからなかった。当時の私には、何かをしたいといった目標はなかった。離婚した影響で、孤独を忘れるためにひたすら仕事に勤《いそ》しんでいただけだ。東欧や中東で十分活躍したので満足だったし、これ以上何かするつもりはなかった。ところが、この湾岸戦争をきっかけに、私の戦場取材が本格化するのであった。

陸路でイスラエル入り

一九九〇年一月十七日。私はカイロに入った。到着したその日に湾岸戦争が始まった。なんというタイミングだろう。私はツイているのかもしれない。カイロは初めての地、右も左もわからないが、支局の車で散策にでかけた。大通りで、クウェート人たちがスポーツカーに乗り、国旗を振り回している。多国籍軍のバグダッド攻撃に大喜びし、戦争を支持しているのだ。私は彼らを追いかけ、ストロボを浴びせた。

翌日、クウェート大使館や街の様子を取材した。遅い夕食後、ホテルのベッドに倒れ込んだ。時差の疲れも手伝ってすぐに寝入った。

トントントン……

ドアを叩く音がする。寝たばかりだというのに、隣室の先輩記者に起こされた。

「イスラエルのテルアビブにミサイルが落とされた。イラク軍の反撃が始まったようだ。行ってくれるか」

「行ってくれるかって、どうやって」

呆然とする私に記者は、

「空港は閉鎖されているから、陸路で行ってくれ。ロンドンのK特派員がすでに入っているから、向こうで落ち合ってくれ」

翌朝六時に起きて、タクシーで出発した。不安で胸がいっぱいだった。外は砂漠、砂漠、砂漠……。出発前、編集局長にいわれた言葉を思い出していた。

「なーに、この戦争はすぐ終わる。アメリカ軍が引き上げてくるところか何かを撮ってくればいい。そんな戦場のど真ん中へ行く必要はないから」

局長はそういった。

——冗談じゃない。話が違う。

そう思ったが、後の祭りだ。

タクシーがエンストした。運よく街に近かったので、他のタクシーに乗り換えた。国境まで行き、そこからは、イスラエルのタクシーに乗り換えた。テルアビブのヒルトン・ホテルに着いた時には、日が暮れていた。

チェックインを終えると、ロビーで、ガスマスクと注射器を渡される。泊まり客には全員配られるようだ。係の軍人が説明する。

「マスタードガスの時には、これを腕に注射してください。細菌兵器の時には……」

その時、突然サイレンが鳴り始めた。

ウー、ウー、ウー、ウー……。

「六階のシェルターに入ってください。大急ぎで」

英語で、ホテル中にアナウンスが響いた。エレベーターで六階まで上がる。入口は、黒いビニールのような幕で覆われていた。皆に押されて幕の中に入った。人々が黙したまま、通路にビッシリと座り込んでいる。それぞれが宇宙人のようなガスマスクを被り、顔がよく見えない。いつか見たSF映画のような光景だ。

ウー、ウー。

サイレンが鳴り続けている。その時だ。

ドーン、ドーン。地響きのような音がした。ミサイルだ。遠いのか、近いのか、よくわからない。だが、ホテルの壁がわずかに揺れた。

そばにいた客が、ミサイルの落ちた数を数えている。部屋の中は、人でいっぱいだ。不安そうに身を寄せ合いながらテレビを見ている。画面は、イラクのバグダッドの真っ黒な空に展開される米軍による空爆の模様だ。米国のCNNの特ダネ映像だ。地下から高射砲が放たれる光跡。反対に、上空から降り注ぐ光の雨。私は、あの光跡の下に行って取材したいものだと思った。

「ワン、ツー……」

ここ六階は、防空壕になっている。空襲警報が鳴れば、宿泊客は全員避難してくる。防空壕といえば地下にありそうなものだが、ここでは地上にある。イラクは、ミサイルの先に化学兵器を装着してくる可能性があるからだ。細菌兵器は空気より重い。地下では危険なのだ。六階入口を黒いビニールで覆ってあるのも、毒ガスを塞《ふさ》ぎ止めるためだった。

翌朝、タクシーでミサイルが落ちた場所に向かった。現場にはロープが張られていた。

東京新聞

1991年(平成3年)1月20日(日曜日)

イスラエルを再攻撃

イラク　通常ミサイル4発

『報復避けられぬ』

イスラエル閣僚表明

イスラエルに入った途端に遭遇したミサイル攻撃の痕

くぐって侵入したが、止める者はいない。現場には、直径五メートルほどの大きな穴があき、周囲の建造物が破壊されていた。

　イスラエル二日目の夜、再びミサイルが飛んできた。今度は、朝を待たず現場に急行した。救急車や消防車がすでに到着し、消火、救助作業に追われている。民家に命中したらしく、被害は大きい。着弾直後のせいか、警官が現場に入れてくれない。私は、警官の目を盗み、反対側に回った。外壁が破壊されたビルの二階に潜り込むと、着弾地点がよく見えた。ビルが横倒しで、あたり一面粉々だった。兵士や消防団員たちが、右往左往している。周囲にカメラマンは誰一人いない。見つかったら、捕まるかもしれないと思ったが、ストロボを二発光らせ、大急ぎで逃げた。

「特ダネ写真だ。戦争写真だ」

私は、心の中で叫んでいた。

ガスマスクの娼婦たち

次の日、再び空襲警報が鳴った。ミサイルは海岸に落ちた。私はタクシーを飛ばし、海に向かった。海岸は真っ暗。あまりに早く飛び出したので、消防車も軍隊も到着していなかった。これはヤバイ。化学兵器をぶち込まれたら、私はオダブツである。通常、ミサイルが着弾すると、真っ先にイスラエル兵が突入し、化学兵器の有無を確認する。もし「有」であれば、一帯を遮断するはずである。軍隊の姿が見えないということは、化学兵器の可能性があるということである。

緊張しながら、現場を探した。タクシーのフロントライトに照らし出されるのは、海岸線を海と並行して走る道路だけである。海岸線が曲がるのに合わせて、道路がカーブを描いている。運転手がゆっくりとハンドルを右に切った。瞬間、フロントガラスの向こうにドクロのようなガスマスクが浮かんだ。

「あっ、兵隊かもしれない」

運転手は急ブレーキをかけた。タクシーは二十メートルほど先を照らす。そこに浮かび上がったのは、ミニスカート姿にガスマスクを着けた女二人だった。

「なんだ、売春婦か」

運転手はそういってから、笑った。海岸通りは、娼婦たちがよく集まる場所らしい。戦争だというのに、客引きをやっていたのだ。そこへ、ミサイルが飛んできたから、思わずガスマスクを被ったというわけだった。

花火のような迎撃ミサイルで命拾い

テルアビブにいることが、時々怖くなった。半分死を覚悟しているとはいえ、見知らぬ毒ガスにやられることを思うとゾッとした。恐怖と同居しながらの毎日だったが、それでも次第にミサイル攻撃には慣れてきた。そして、驚いたことに、もっと凄いことが起こらないか、と期待している自分がいた。戦争カメラマンが英雄のように語られることがあるが、あれは半分嘘ではないかと思った。人間には、もっと驚きたい、もっと厳しい現場を見たいという身勝手な生理があるような気がした。

ある晩、フリーのカメラマンたちと街なかのレストランで夕食をとっていた時、空襲警報が鳴った。皆、急いでシェルターに入ったが、私は一人、表に出て見物することにした。

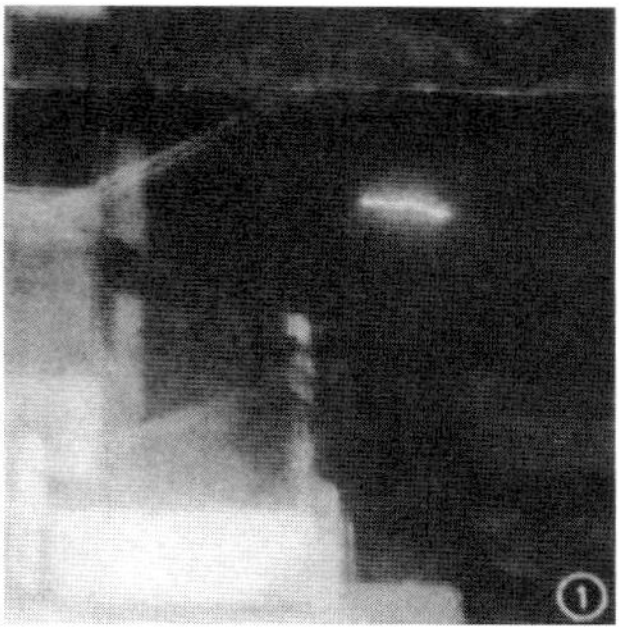

パトリオット迎撃ミサイルを捉えた瞬間。左は命中した瞬間

警報は、街中に鳴り響いていた。

　いい夜空だった。だが、ミサイルの姿は見えない。素人目には、星か、飛行機か、ミサイルか、判断がつきかねた。だが、この夜空のどこかにミサイルが近づいているはずであった。嫌な予感がした。

　その時、突然、左右の闇から、大きな光の塊《かたまり》が浮かび上がり、上方に向かって発射された。シュー、シュー。光は、空気を切り裂き、一直線に突進した。パトリオット迎撃ミサイルだった。私は、咄嗟《とっさ》にカメラを右の光に向けてシャッターを切った。シャッタースピードは四分の一秒。手持ち撮影では限界のスローシャッターだった。光は、私のほぼ真正面の仰角六十度まで上昇すると、バーンと花火のようにはじけた。光が八方に散り、中央部で長い物体が煙をたなびかせながら、落下していった。

「しまった。遅れた」

私は、それに向けてシャッターをもう一度押した。パトリオットがスカッド・ミサイルに命中したのだった。ミサイルは、真正面から私のほうに向かって飛んでいたのだ。冷や汗が出たが、「見た！」という爽快感が残った。花火に似ている。

現像してみると、一枚のフィルムには、パトリオットの光が尾を引いている様が、もう一枚には、燃えて落下し始めたミサイルが放つわずかな光が写っていた。

大金持ちの難民

イスラエルでの取材を終え、カイロに戻ってきた。休憩のつもりだった。私は、そこで最も裕福な難民を見た。湾岸戦争の時に国外に逃げたクウェート難民たちだ。彼らは、私がランチを食べようと寄った高級ホテルのロビーでたむろしていた。頭から足先まで真っ白い服を着ているのでイスラム教の人たちには違いない。しかし、エジプト人ではないことはわかる。エジプト人は欧米人や日本人と同じような格好をしている。しいていえば、女性がスカーフを巻いていることぐらいか。

子どもも女性もいるから家族だろう。ゆっくりとロビーでお茶を飲んでいる。私はボーイに聞いた。

「あの人たちは、どこの国の人たちだ？」

「クウェートです。もう一か月もいます。このホテルの大半の部屋はクウェート人たちでいっぱいです」とボーイは答えた。

イラク軍がクウェートに侵攻した際、逃げ出したクウェート人たちは難民と化した。クウェートは当時も今も石油を産する裕福な国だ。その豊富な油田欲しさに、イラク軍が占領した。クウェート人は、働かなくとも生きていけるほど裕福だし、税金も払う必要がない。教育も医療も無償で享受できる。そんなクウェートが、イラクに乗っ取られたら、彼らもエジプトやヨルダンに逃げ出すしかない。ところが、逃げ出しても難民キャンプなどに入る必要がないのだ。家族で高級ホテルに滞在している。滞在が一か月続こうが、半年続こうが、彼らにとっては問題ないのだ。

実は、湾岸戦争を唆《そそのか》してアメリカを引きずりこんだのは、その金持ちクウェート人たちだ。政府の介入も明らかなのだが、「自由クウェートのための市民」という団体が、米国の広告代理店ヒルアンドノウルトン社にある申し出をした。同代理店は世界三大広告グループの一つで世界八十八か所に支社を持っている。「自由クウェートのための市民」は、クウェートへの同情を集め、米軍の軍事介入をうながしてほしいと、多額の金で発注したのである。いわゆる戦争のＰＲである。

ヒルアンドノウルトン社は、それを実行した。ナイラという十五歳のクウェート少女に、アメリカの公聴会で、クウェートの惨状を証言させたのである。一九九〇年十月のことだ。ナイラは、涙を見せながら「イラク人兵士が、病院に侵入してきて、赤ん坊の入った哺乳器を奪い、赤ん坊を殺していった」と語り、世界中の同情を集めた。そのことで、実際に世論が動き、世界中が湾岸戦争に参戦したのである。

ところが二年後、ニューヨーク・タイムズのスクープで、それが嘘の証言であると発覚した。一九九二年一月六日の紙面で「ナイラ証言は嘘だった」「ナイラはクウェート大使の娘。アメリカ育ちで、クウェートに行ったことがなかった」「イラク兵が病院の赤ん坊を殺したという事実は嘘」などと書き上げたのだった。

ナイラはその後追及されることはなかった。

そんなクウェート政府が戦後ニューヨーク・タイムズ紙に出した協力国への「感謝広告」に日本の名前は載っていなかった。日本は、世界で一番高額な支援金を出したにもかかわらずだ。

そのことが、日本政府のトラウマとなった。お金だけの支援ではダメなのだ。血を流さなければ世界に認められないのだ。その考えが、日本の自衛隊のＰＫＯ海外派遣や集団的自衛権の行使を可能とする安全保障関連法の成立につながった。金持ち難民のクウェート人たちに、日本が揶揄されたことがきっかけとなった。

第六章

カンボジア内戦

カンボジアのポル・ポト兵たち。一人一人は朴訥な農民にしか見えない

ポル・ポト兵のサバイバル術

湾岸戦争の翌年、私は再び戦地に行くことになった。カンボジアだ。カンボジアは、今でこそアンコール・ワットやアンコール・トムなどの古代遺跡を見ようとツアーに訪れる日本人観光客でにぎわっているが、当時は、二十数年も続く内戦が終結せず、百万人を超える大虐殺を行ったことで有名なポル・ポトが生存し、とても遺跡ツアーどころではなかった。国中に地雷が埋まっている有様だった。

一九九一年のパリ和平協定により、カンボジアの内戦は終結。翌九二年、国連カンボジア暫定統治機構（UNTAC）による暫定統治が開始された。そして日本では、「国際連合平和維持活動等に対する協力に関する法律」が成立、いわゆるPKO派遣が決まった。戦後、日本の自衛隊が初めて派遣されるというので、日本のメディアも大騒ぎだった。わが中日（東京）新聞も例外ではなく、カンボジアへの長期取材計画を立てていた。自衛隊は一年近く派遣される予定。カメラマンも一か月交代で順番に行くことになった。

「最初が肝心だから、吉岡君は一番に行って」と写真部長に言われた。それを私は断った。断る理由があった。私はそのころ、朝日新聞社からヘッドハンティングのオファーを受けていた。同社の二人が推薦してくれていた。ちょうど、カンボジア取材が始まるとき、私は朝日新聞の面接を受けることになっていた。しかし、正直に話すわけにはいかず、「離婚調停があるから」と他の理由をつけた。写真部長は困った顔で、「仕方がない。では、二番目に行ってくれ」となった。

そもそも、東南アジアにはまったく関心がなかった。アフリカや中東ならまだしも、東南アジア、中でもカンボジアについては何も知らなかった。それでも、順番が回ってきたので予習もせずカンボジア入りした。

ちなみに、朝日新聞への転職は実現しなかった。当時、私は三十九歳。同社の役員は、私の入社をOKしたが、現場の写真部の幹部が「その歳だと、もうデスク年齢。兵隊（現場に出るカメラマン）としては使いにくい」ということになったらしい。

無知のまま現地入りし、記者たちとの打ち合わせの際、「ポル・ポトってなに？」と聞いたほどだった。記者たちは、私がポル・ポトも知らないのに驚き、「知らないんなら、トゥール・スレンに行ってきたら。わかるから」というので、私はそこへ向かった。

トゥール・スレン虐殺犯罪博物館。そこは、ポル・ポト政権が政治犯などを捕らえ拷問し、虐殺した場所。ポル・ポトは、一九七五年から数年間で百万人超のカンボジア人を虐殺したとされる。後世に負の歴史を展示してあるその場所で、私は衝撃を受けた。カメラを床に落とし、壊してしまったほどだった。私のカンボジアへの興味が一気にわいた。取

ポル・ポト政権下の犠牲者たちが展示されるトゥール・スレン虐殺犯罪博物館

材にも熱が入っていった。そして、ポル・ポト軍をこの目で見たいと思った。

　ポル・ポト軍は、UNTAC主導のカンボジアの総選挙を何らかの形で邪魔するのではないかと恐れられていた。ポル・ポト地域に入ったジャーナリストはいなかった。入ってルポすれば、それだけでスクープになるのは間違いなかった。

　そんな時、UNTACのフランス軍がポル・ポト軍と会談を開くという情報を得た。場所は、カンボジア最大の港町シアヌークビルに近いエレファント山脈の山中。

　私は、記者とカンボジア人通訳と一緒に午前九時から行われる会談に向かった。道は相当悪い。四輪駆動車でないと進めない。しかし、真上に見える空はでこぼこの赤土と対をなすように、なめらかに広がっている。

　われわれを乗せたランドクルーザーは国道三号線を左折し、エレファント山脈へ突っ込んだ。道は車一台がやっと通れるほどの幅しかない。

ジャングルの木々が覆い被さる山道を、エンジンをうならせながら車は進む。

「道を上がって行けばすぐわかるから」

というフランス兵の情報だけが頼りだ。二十分ほど走るが、人の気配はない。だが、いつどこからポル・ポト兵が現れるか、はたまた銃弾が飛んでくるか、不安が黒々とした木々と共に迫ってくる。

前方に人影が見えたような気がした。勘のいい運転手のケンがスピードを落とす。

数人の兵士が並んでいるのだが、深い緑色のユニホームを着た一団は、緑の木々にそのまま溶け込んで判別しにくい。

車が近づくと、それは紛れもなくポル・ポト兵であった。確信はなかったが、漂ってくる緊迫したムードは、日常のそれではなかった。

車から降り、恐る恐る近づいてゆく。兵士たちは、ソ連製の銃ＡＫ47やロケット砲をそれぞれに持っている。

彼らは一様に浅黒く、痩せている。ジャングルでの厳しい生活が贅肉をそぎ落としているのだろう。足元に目を落とすと、意外にもサンダル履きだ。

「こんな安っぽいビニール製サンダルでこの山を？」

そのシンプルさが彼らのハングリー精神を感じさせ、凄みが増して見える。考えてみれば、このジャングルの中に隠れてしまえば、原爆以外のどんな近代兵器をもってしても彼らを全滅させることはできないだろう。ポル・ポト派がなぜ山岳地帯を本拠地にしているか、ベトナム戦争でなぜベトコンがジャングルに潜んでいたのか、米軍はなぜ枯葉作戦を強行したのか、それらが今、リアリティーをもって理解できる。うっそうとして見通しのまったく利かないジャングルで、通常兵器をもって歯が立とうはずもない。

フランス軍とポル・ポト派の会談

フランス軍との会談は、五人のポル・ポト兵が並んでいる道より、さらに十メートルほど登ったところで行われていた。兵士たちは会談を見張っているのだ。

会談には、フランス部隊から指揮官のジュアン・ポレリ大尉とイタリア文民警察のナザリオ・ペンシエロ警部、そしてポル・ポト派から二十七連隊のソクハ指揮官が参加。会談といっても、三人が地べたに座って話し合っている格好だ。

フランス側が武装解除を要求するが、ポル・ポト派は、「プノンペン政府はベトナム人に操られている。パリ和平協定が守られていない以上、武装解除には応じられない」と主張する。会談は平行線だ。写真撮影は禁止されていたが、私は気づかれないように一枚だけ隠し撮りする。

会談が終わり、フランス兵らは去った。われわれとポル・ポト兵だけが残った。

気味が悪いので、われわれもフランス兵の後を追いかけようとしたが、ポル・ポトの兵士たちは、われわれの車の中を覗き込んでいる。車の荷台には、ミネラルウォーターや缶詰、インスタントラーメンなどを積んでいる。私は恐怖感も手伝って、それらを車から取り出して兵士たちに配った。兵士たちの顔が見事にほころんだ。

私は気をよくし、記念写真にまでおさまった。ポル・ポト兵も同じ人間だという気がした。これならいけるかもしれない。もっと踏み込んで取材しようと思った。

「君たちの村まで連れて行ってくれ」

と私は通訳のサンを通して頼んでみた。

「いや、それはできない」

とソクハ指揮官。

「何がほしいんだ。食料か水か」

「……」

指揮官は躊躇《ちゅうちょ》している。

「許可が下りるまで二日はかかるんだ」

とごまかそうとする。

「わかった。では二日後に来る。この場所で午前九時に」

私はたたみかけた。そして念のためにもう一度聞く。

「何かほしいものはあるか。一度プノンペンに帰るから土産に何か持ってこようか」

ソクハ指揮官は急に善良そうな顔つきになって、申し訳なさそうに、

「ペニシリン、キニーネ（マラリアの薬）、ブドウ糖……」などいくつかの薬の名をあげた。

「ＯＫ」

約束して、われわれも山を下りた。緊張から解放された安堵感と、ポル・ポト兵に会ったという高揚感が残った。

「ここは自分たちの土地だ」

二日後、ポル・ポト兵との約束の日がやってきた。

果たして、彼らは本当に来るのだろうか。半信半疑ではあるが、行ってみるしかない。

通訳のサンは昨夕、「頭痛がする。病気のようだから明日は行けない」と断ってきた。怖くなったに違いない。代わりに同じ外務省に勤めるニャラが来ることになった。

一昨日と同じエレファント山脈をランドクルーザーで登る。今日のケンの運転は心なし

か固い。前方を見つめながら、私は彼らが約束通り来てくれることを願う一方で、「来ていませんように」とも祈っていた。

会った時に何と話しかければいいのか、青い空を見つめながら迷っていた。着いた途端に捕らわれの身になったらどうしよう。不安が募る。約束の場所は、フランス軍管轄地とポル・ポト派支配区のボーダー。

目的地は近づく。果たして、ポル・ポト兵たちはそこにいた。先日見た顔ばかり。だが、ソクハ指揮官はいない。

記者と通訳のニャラと私の三人は、それぞれ引きつった顔に笑みを浮かべながらあいさつする。兵士たちの顔に殺気はないので、まずは安心する。

次の瞬間、兵士たちが車に乗り込んできた。「そんなにたくさん乗れないのに」と思うが、荷台までぎっしり、全員が乗り込んだ。

兵士の一人がケンに命令する。

「進め」

ケンが、

「どこへ」とノドをつまらせながら問うと、

「いいから行け」と前方を示した。

車は走り出した。山をどんどん登っていく。私の横にぴったりとポル・ポト兵の体がくっつく。体温が伝わってくる。ロケット砲が私のひざに倒れかかってくる。ギョッとして手で押さえると、兵士の手が延びてきて、銃口を上に向けて持ち直した。兵士の顔を見上げた。愛想笑いをすると、同じ笑みが返ってきた。

途中、木々が倒され道が塞がれている。兵士たち数人が降りて木をどかす。それでも倒れた木々の上でタイヤが滑り、車はうなりながらもたついている。後ろから兵士たちが押す。やっと切り抜けた。

「村はどこだ。遠いな」

私の質問に兵士たちは答えない。車はどんどん山を登る。一時間は走った。

「いい加減にしろ。こんなに遠いわけないだろ」

私は追及する。兵士たちはただニヤニヤ笑うだけだ。

急に目の前が明るくなった。

ジャングルを抜けたのだ。もう山の頂上だ。高度が相当高いらしく、熱帯なのに涼しい風が吹き抜ける。

車は止まった。目の前に大きな古いビルがあった。中に人影が見える。白人だ。白人が走って出てきた。トランシーバーと銃を持っている。フランス軍兵士だ。

「一体どうしたんだ」

英語で質問してきた。日本人とポル・ポト兵が一緒にいるこの状況に驚いている様子だ。

事情を説明すると、

「そりゃ君たち、ポル・ポト兵に騙されているんだよ。タクシー代わりに利用されたってわけさ」とフランス兵は笑っている。

われわれの会話を無視して、ポル・ポト兵はさっさと車から降り、何やら作業を始めている。

赤いペンキを缶の中で溶いている。赤い粉末を溶かし終えると、筆と缶を持って歩き出した。何がなんだかわからないが、ともかくその様子をカメラにおさめた。

山の頂上には廃墟のような建物がポツンポツンと残っている。ポル・ポト兵たちはその一つ一つを回って赤ペンキでクメール文字を書きなぐっている。

「何て書いてあるんだ」

通訳のニャラに問うと、

「ポル・ポト派の占領地」という意味だという。

それでわかった。彼らは自分たちの支配地区が荒らされないようにパトロールしているのだ。「ここは自分たちの土地だ」と縄張りを主張して回っているのだ。

ポル・ポト兵との共振

ポル・ポト兵を前から撮ろうと、草むらを斜めに横切った。

「おおっ！」

彼らが驚きの声を上げた。

「どうしたんだ」とニャラのほうを向くと、

「その辺には地雷が埋まっているそうだから、勝手に走り回らないように」

私を含め、一同からため息がもれた。

兵士たちについて行くと、断崖絶壁に出た。眼下に緑の平原が広がる。

「あれが国道三号線だ」

兵士が指さす。その指のはるか向こうに、自衛隊が来年、道路補修をする予定の三号線が横に走っている。その向こうにはシャム湾が広がる。やがて海の碧《あお》さが水平線に溶け込み、そのまま真っ青な空へとつながっている。

しばし、戦場であることを忘れさせる風景である。

ポル・ポト兵の顔には、まるで遠足にきた子どものようなあどけない笑みが浮かんでいる。年齢を超え、民族を超え、われわれの心は共振し合っていた。

「ここは昔、ボコーと呼ばれる観光地だった。王族の静養地でもあり、いま残っている廃墟は別荘やカジノ、ホテルなどの〝夢の跡〟だ」とニャラが説明してくれた。

なるほど美しいはずだ。私は我に返り、ポル・ポト兵を追及した。

「村はどうしたんだ。連れていってくれる約束だったじゃないか」

「今日はダメだ。許可をもらっていない」とリーダーの男が答える。

「冗談じゃない。じゃあ、持ってきた薬は渡さない」

男が睨む。

「じゃあ、村へ行って直接ソクハに手渡したい。連れていけ」

私は負けずに迫る。兵士は困り果てた顔をしている。

「村に行っても何もない。われわれはいつもジャングルの中にハンモックを吊るして眠るんだから」

それは本当かもしれない。村を攻撃されたら一巻の終わりだから。ジャングルで眠る。だから蚊に刺されてマラリアにかかりやすくなる。それで薬をほしがる。道理だ。

「では、眠る場所に連れていけ」

私はけしかけた。

「それは絶対に秘密だ。ハンモックも日中は隠してある」

リーダーは譲らない。

が、しばらくして、

「行こう」と観念した。

われわれは一路山を下った。

私は交渉したものの、内心半分は怖かった。兵士の顔色をずっとうかがっていた。村へ入ったら、拉致されようが殺されようが、誰にもわからない。相手の意志とたくらみを読みとるため、男の目から視線を外すわけにはいかなかった。

UNTACの嫌がらせ

いつも口数の少ない運転手のケンも、まるで沈黙が怖いかのように今日は饒舌だ。小一時間も走っただろうか。村に近づいてきたような気がする。すると、突然ブレーキがかかった。

目の前に軍用ジープが停車し、道を塞いでいる。フランス兵が降りてきた。何やらしゃべっているが、こちらにはフランス語を解する者がいない。

ついに怒鳴り始めた。まずい。

怒鳴りながら、われわれの車からポル・ポト兵をひきずりおろしにかかった。何が起こったのかさっぱりわからない。

フランス兵の迫力に、皆なす術がない。ポル・ポト兵のリーダーが、

「早く薬をくれ」

と目配せする。私が薬をカバンから取り出すと、フランス兵がこちらをじっと睨んでいる。とても渡せる雰囲気ではない。

フランス兵は、われわれに向かって、

「ついてこい」

と大きく手で円を描いた。

ポル・ポト兵たちの罵声《ばせい》が飛んだ。

「何て言ってるんだ」

ニャラに尋ねる。

「フランス軍は許しちゃおけない。この道に地雷を仕掛けてやる」ということらしい。

われわれはフランス軍の車にひきずられるように後に従った。逃走しないように見張っているらしく、時々フランス兵が後ろを振り返る。私は犯罪者にでもなった気分だった。

車は、カンポートのＵＮＴＡＣ事務所に入ってゆく。私と記者は降ろされ、部屋に案内された。中に、スラリと背の高い中年のフランス軍司令官が待っていた。

「君たちは実にマズイことをしてくれた」

渋い顔で、しかし、流ちょうな英語で話し始めた。

「あの地区はわれわれの直轄地域なんだから、勝手な行動をしないでくれないか」

「そんなばかな。あそこはポル・ポト派の支配地区だ。あなた方の許可を得る必要はないと思うが」

私が口答えすると、

「いや、道路のことを言っているんだ。頂上にまで登る道が、われわれの管轄だ。その周囲のジャングルについては関知しない」

ハハーン、さっき頂上にいたフランス兵が無線で知らせたに違いない。変な日本人がポル・ポト兵を乗っけて走っているとでも連絡したのか、だからフランス軍はわれわれが下りてくるのを待ち構えていたのだ。

「道路は公道だ。われわれが使用してもいいはずだ」と反論すると、

「もちろんいいのだが、ポル・ポト兵は別だ。彼らの取材をしたければ、道路の外側を走りなさい」

「ジャングルをですか」

「その通り。フフン」

司令官は言い放った。

腹が立った。嫌がらせをされているとしか思えなかった。こっちは命がけで取材しているのに、こんな些細《ささい》なことで中断させられるなんて。

ジャングルに消えたポル・ポト兵のことを思った。この時ばかりは、無性に彼らが恋しくなった。

国連ボランティア中田さんの死

ポル・ポト兵に会った翌年の一九九三年四月。日本人の国連ボランティア（UNV）の中田厚仁さん（当時二十五歳）が任地コンポントムで何者かによって殺害されるという事件が起こった。

また、その翌月、日本の文民警察官高田晴行警部補（当時三十三歳）が、カンボジア北西部のバンテイメンチェイ州アンピル村で襲撃・殺害されるという事件も起こった。両事件とも未解決のまま放置された。

当時、カンボジアは二十年以上にわたる内戦を経て、UNTACによって新しい国造りのための総選挙が計画されていた。そのUNTACの代表が日本人の明石康さんだったので、日本政府も全面的に支援していた。選挙を成功させようと、日本の若者などもボランティアとして応援に駆けつけた。その中の一人が中田さん。一方、「自衛隊ばかりでなく文民も派遣しろ」との野党の要請で派遣されたのが日本の警察官たち。その中の一人が高田警部補であった。当時、日本人に犠牲者が出たというので、日本中が大騒ぎとなっていた。

中田さんや高田さんを殺害したのは誰か。それは今もって謎とされている。しかし、私はその謎を追って取材したことがある。事件の真相を確かめるべく、UNTACの案内でコンポントムに飛んだ。実際ヘリコプターで飛ぶのだが、驚いたのは、防弾チョッキを手渡され、それを「座席の下に敷け」という。防弾チョッキは上半身に着るものだが、「どうして下に？」と問うと、「下から撃たれた時のための防御策」だという。想像すると、青くなった。

「ヘルプ、ヘルプ」

四十五分でコンポントムに到着。ヘリを降りるとすぐにランドクルーザーに乗せられ、インドネシア軍の基地へ案内された。カンボジアのPKO部隊には、日本だけでなく世界三十二か国から一万六千人の兵士たちが参加。コンポントム地域はインドネシア軍が管轄していた。インドネシア軍が何をしているのかのレクチャーを受けた後、コーヒーブレイク。近づいてきたインドネシア兵に、日本のボランティアの中田さんについて尋ねると、すぐに反応があった。現場の状況を話し始めたのはいいのだが、細切れでなかなか要領を得ない。面倒なので、

「写真はないのか？」

と聞くと、中の一人がアルバムを持ってきた。見ると驚くべき写真があった。中田さんの殺害現場の写真が生々しく並んでいるのだ。私はすぐに、

「これを複写されてくれ」

と頼み、少し興奮しながら中庭で撮影した。それは、特ダネに違いなかった。

その夜、インドネシア軍の基地に宿泊。夕食の後、司令官の部屋をノックし、中田さん殺害事件を当日捜査した担当者を紹介してくれるよう頼むと、すぐに探してくれた。

テジョー・スクラックスター（三十歳）。事件当日、中田さんの無線を受け、真っ先に現場に駆けつけたキャプテン（大尉）。軍人らしい厳しい顔つきで、小柄だが筋肉の引き締まった体をしている。体と同じように固い感じのする英語で、事件当時の模様を話し始めた。

「背中には三つの弾丸の跡があったが、前にはない。頭の後ろから左目にかけて一発貫通していた。『ヘルプ、ヘルプ』と叫ぶ無線を傍受したので、現場へ駆けつけた。その間三

十分から四十五分くらいだ」

と、そのあたりまではいいのだが、どうして中田さんだとわかったのか、どうして現場の位置がわかったのかというところになると、説明がこんがらがってしまう。それでも何度か聞き返しながら到達した結論は、おおよそ次のようになる。

当日、中田さんは通訳を連れて朝七時過ぎに、彼の住む町プラサット・サンボーをインドネシア軍に報告せずに出発した。州都コンポントムで緊急会議があるからというので選挙監視員にラジオ無線で呼ばれたからだ。だが通常、早朝八時前と夜間は、危険だから郊外を走らないようにとインドネシア軍から通告が出ている。もしもの場合は、いつでも軍がガードすると申し入れていたという。中田さんはこれまで一度もガードを頼んだことがないし、報告して出発することもまれだったらしい。

スクラックスター・キャプテンが、「ヘルプ、ヘルプ」の無線を傍受したのが七時三十分頃。八時過ぎには現場に到着している。

「ヘルプ、ヘルプ」の声を不審に思い、コマンダーに報告した。コマンダーが思い当たるところにラジオ無線で問い合わせた。中田さんが出発しようとしていた会議にインドネシア軍の別のコマンダーも同席しており、彼が基地からのラジオ無線でその問い合わせを受けた。

「出席するはずの会議にナカタの姿がまだ見えない」

そこで、「ヘルプ」の声の主はおそらく中田さんだろうということになった。

中田さんの上司にあたるプラサット・サンボーのUNTACチーフ、ハサン大尉に確認したところ、

「ナカタはコンポントムに向かっているはずだ」という返事が返ってきた。

会議場のコマンダーは、その旨を基地に連絡し、スクラックスター・キャプテンがコンポントムからプラサット・サンボーへ向かう道を、中田さんを探しながら走ったというわけだ。

「ポル・ポト派がやったんじゃない」

スクラックスター・キャプテンは続けて妙なことを言う。

「あれはポル・ポト派がやったんじゃない。ポル・ポトだったら、お金から車から、全部持っていくはずだ」

過去にそんな例があったのかと問うと、

「私は二度ほどUNTACの車が持っていかれたのを知っている。ナカタの腹巻きの中に二千ドルのキャッシュがあったそうだが、金もカバンも無線機もみんな無事だった」

という。

「しかし、明石代表や日本政府への嫌がらせで日本人を殺《や》ったとは考えられないか」

と問うと、

「そうかもしれないが、それならなぜカンボジア人通訳まで殺すんだ」

と逆に聞いてきた。

「じゃあ、誰がやったというんだ」

「これは絶対じゃないし、新聞に書いてもらっても困るが……」

と神妙な声になり、

「私は、村人がやったと思っている」という。

「村人って、現場周辺のか」

「そうだ。殺されたところはフィル・クレル村という。以前ナカタがUNTACのスタッフを募集したことがあるのだが、ナカタはその村の人たちもリストに掲げていた。ところが、結果として彼はコンポントムの人ばかりを採用した。その恨みなんだ」

「でも、銃はどうやって手に入れたんだ」

「バカいっちゃいけないよ。このへんの人はみんな銃くらい持ってるよ」

「あんな小さな掘っ立て小屋に住んでいてか」

「そうだよ。おれと一緒に来るなら見せてやるよ。あの小さな小屋の中に隠し持っているんだから」とスクラックスター・キャプテンは、声を荒らげた。

「じゃあ、通訳が病院で『ポル・ポトだ』と言ったというのはどうなる?」と聞くと、

「そんなのわかるもんか。ポル・ポトの服だっていろいろあるし、民間人と区別のつかないこともある。通訳の彼がどこまで判別できるか疑問だね。通訳だってプノンペンの人間かもしれない」

　しばらくの沈黙の後、新たな疑問が生じた。

「中田さんの車だってどうしてわかったんだ?　UNの車はみな同じように見えるが」

　彼は、すぐに答えた。

「プラサット・サンボーには車が二、三台しかないんだから、みんな誰の車か区別できるんだよ。インドネシア軍のパトロールが回ってくることを知っているから、急いで退散したというわけさ」

「君は何人の犯行だと思う?　足跡か何かあったのか」

「足跡は残っていた。シューズではなく、サンダルのようなものだ。三人から五人の仕業と見ている」

　彼の言うことは他の記者からも聞いたことがあった。彼は自信ありげに、

「UNスタッフ募集の時、一人につき月二百ドル払うっていうんだぜ。ここの人がいくら稼いでいるのか知ってるか」と私の同意をうながした。

確かに、公務員でも月収十五ドルというのだから、二百ドルというのは大変な額になる。

「UNV（国連ボランティア）の連中も、この国に問題を起こすことになると思って、給料を低く設定するよう要請しているが、何しろニューヨーク（本部）が決めることだからダメらしいんだ」とため息をついた。

スクラックスター・キャプテンと話していると、彼は次第に高揚してきて、

「ポル・ポト派がやったのではない。この町でそう思っているやつは一人もいない。その証拠に町は安全だ。夜でも歩けるんだ。何なら、今から夜の町を見てくればいい」とムキになる。

売り言葉に買い言葉で、

「よし、案内してくれ。コンポントムの町を見に行こう」とこちらも勢いに乗る。

キャプテンは、Tシャツと短パンのままで、部下一人を連れて車に乗った。

「見てみろ。防弾チョッキも銃も何もいらないよ、ノーデンジャー（危険なんかない）さ」

と言いながら、威勢よく走り出した。

そうまで言うのだから安全だと思うし、こちらも町を見物したいので、言われるままに

する。

町の中心部に着いた。屋台が数軒、小さな明かりをともして営業している。時計を見るともう十時近い。お客もまばらだ。でも、キャプテンの言うように、緊張感はまったくない。屋台のお姉さんたちのニコニコ顔にフラッシュを数回浴びせる。

夜のドライブを終えて部屋に戻り、冷房のスイッチを入れて休む。長い一日だった。

殺害現場の静けさ

翌朝、インドネシア軍の朝礼の後、大型トラックに兵士を五人乗せて中田さんの殺害現場に向かう。現場までは約四十分。ひどい道だ。時には橋もない川をザバザバと水をきって横断する。プノンペン政権軍の兵士がときどき検問していて、

「タバコをくれ」と強く要求する。

インドネシア兵は何本もまとめて渡しているが、手元に落ち着きが感じられない。少し怖いのかもしれない。村人に時々すれ違う。中には銃を肩に担いでいる男もいる。

現場に着くとインドネシア兵は機敏な反応を見せる。すぐさま車から飛び降り、サッと四方に散る。怪しい気配がないか探り始める。私を守るために働いてくれていると思うと、頼もしい限りだ。

私も車から降りて歩き始める。草地にさしかかると、

「ストップ！」

と中の一人が私を制止する。

「このあたりは地雷が多いんだ。気をつけろ」

と通り道をリードしてくれる。

ヒヤリとした感覚が、私の脳裏にある映像を浮かび上がらせた。出発間際にスラックスター・キャプテンが見せてくれた短いビデオのワンシーン。中田さん殺害現場を検証したものだ。

車の下に人間が横たわる。中田さんの遺体だ。中田さんのベルトにロープを結びつけ、インドネシア兵たちが遠くからそのロープを引っ張っている。うつぶせの遺体をあおむけにひっくり返そうとしている。

つまり、遺体の下に地雷が仕掛けてある可能性があるので、皆で遠巻きに遺体を動かしている——そんな映像だ。

インドネシア兵の声で私は我に返った。

「ここがナカタの倒れていたところだ」

と兵士は、土の中からガラスの破片を拾い上げ、私に示す。殺害時に割られた車の窓ガ

ラスの破片だ。私は急いでカメラを取り出した。乾いた空気の中でシャッター音だけが哀《かな》しく響き渡った。空は青く晴れ上がり、事件などなかったように静寂があたりを包んでいた。

高田警部補の死

高田警部補の殺害事件も大ニュースとなったが、殺害現場はタイ国境に近く、遠いので現場に行く機会はなかった。事件の真相は解明されず、犯人も捕まらなかった。

しかし、私は事件の真相を後に知ることになった。それは、後日、タイでトンチャイ（仮名）と名乗る人物から聞いた。UNTAC事務所に現地で雇われていたという彼は、当時事件に遭遇し、すべてを目撃していた。その状況は、あまりにむごたらしく、背筋が凍るほどの生々しい証言だったが、私はその話を新聞に掲載しなかった。デスクが「もう過去のことだから」と興味を示さなかったからだ。

しかし、いくら過去のこととはいえ、日本の最初のPKO派遣の中で起こった歴史的事件の真相は究明されてしかるべきだと思う。彼はすべてを目撃していた。彼の話と当時の報道とを照らし合わせると、事件のあらましが見えてくる。

事件は、五月四日、バンテイメンチェイ州アンピルの国道六九一号線沿いで起こった。

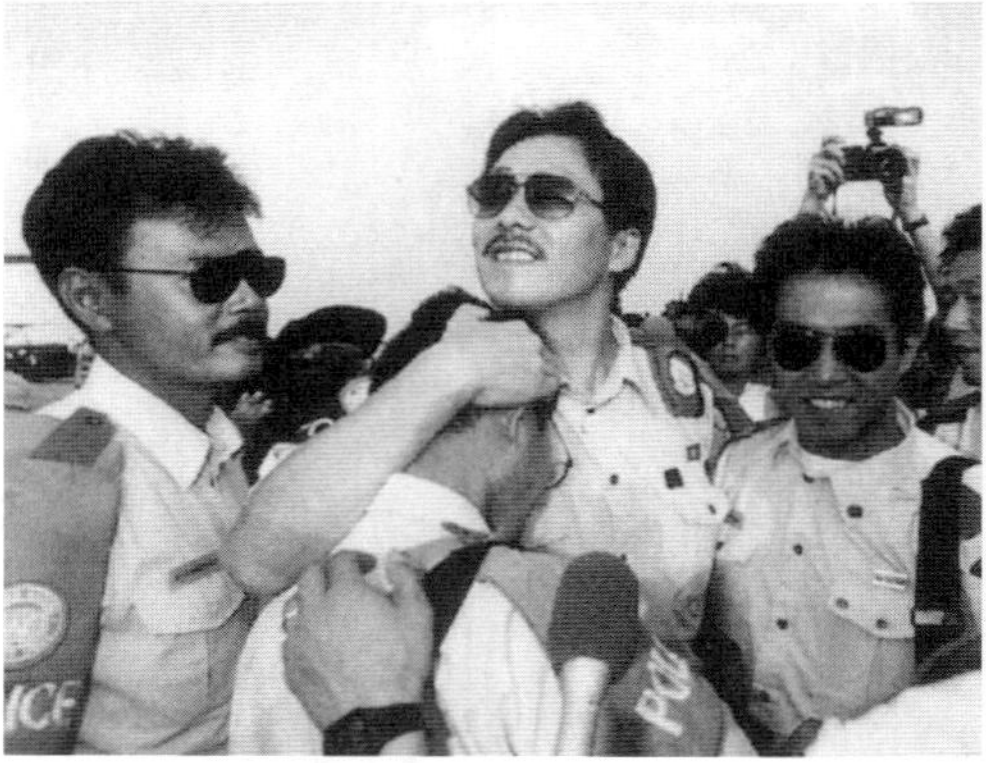
高田警部補が殺害され、お互いを励まし合う文民警官たち

事件発生の前、UNTACのスタッフや文民警察官たちはポル・ポト派の人たちとずいぶん交流があった。彼らの村に何度も入っているし、ポル・ポト派の司令官とも、何度か酒を酌み交わしたことがあるという。トンチャイ氏もたびたび同行している。

ある日、ポル・ポト派の司令官が拠点のあるバッタンバン州のパイリンに行ってから事態は変容した。それまでポル・ポト派とUNTACとの定例会議が開かれていたが、その日以来会議もなくなり、それどころか、UNTACの車がポル・ポト派に襲撃され、盗まれるようになった。トンチャイ氏によれば、「五台盗まれた。彼らは盗んだ車をタイで一台につき五万バーツ（約三十万円）で売りさばくのだ」という。

どちらにしても、ポル・ポト派の方針が変わった。なぜ、方針が変更されたのか。

UNTACによる選挙の準備が進むにつれ、ポル・ポト兵たちが、選挙の有権者登録証に貼りつける写真を欲しがり、政府軍側の村にやってくるようになったのだという。ポル・ポト兵たちのほとんどは地方の農民たち。貧しい彼らにとっては自分の写った写真なんて一生涯をかけても手に入らない宝のようなものだ。自分の写真が「選挙に参加します」という証明書である有権者登録をすることで手に入る。これがポル・ポト兵たちを動揺させた。

本来、ポル・ポト派は、カンボジア総選挙に反対、妨害する立場をとっている。選挙に勝ち目はないので、武力で国を乗っ取りたい。しかし国連や国際社会、カンボジア政府軍は、虐殺と独裁が続くポル・ポト派と戦いたくはない。あくまでも選挙で国をまとめたいというのが本音だ。

政府軍（シアヌーク派やソン・サン派）とポル・ポト軍は敵同士であったが、長い内戦の月日の中では同盟を結んでいたこともあった。だから、政府軍からポル・ポト軍へ情報は自然に流れていった。写真のことも自然に伝わった。選挙を拒否しているポル・ポト派幹部たちにとっては、自分の兵隊たちが選挙登録するなんてとんでもないことだったのだ。

怒ったポル・ポト派幹部は、その地区からＵＮＴＡＣを締め出しにかかった。そのきっかけとなったのが、末端のポル・ポト兵たちを魅了した「写真」だったのである。

つきつけられたAK47

そんな状況下、あの事件は起こった。

日本人文民警官五人やオランダ軍歩兵部隊などを乗せたUNTACの車両六台の隊列が、何者かに襲撃されたのだ。アンピルからフォンクー村へ移動の途中だった。

隊列の先頭は、オランダ軍を乗せたトラック。二台目、三台目は高田警部補ら日本人文民警官とオランダ人指揮官らを乗せ、四台目、五台目はノルウェー選挙監視員、インド地雷除去訓練部隊の乗る四輪駆動車。トンチャイ氏は四台目の車に乗っていた。最後尾は補給品や水などを載せたトラック。

その日、日本人文民警官らは、ノルウェーの選挙監視員の護衛のために同行していた。アンピルを出発してから十五分後、ポル・ポト派の検問所を通過。それから一キロほど進むと、道の両側はブッシュになった。舗装もされていない道は、乾季のために乾ききって、車が走ると、砂塵が舞い上がった。後続車両は前方が見えなくなるため、車間距離を二十メートルぐらいとって追尾していた。

突然、ブッシュの中からパンパン……と銃の乾いた音が数発聞こえた。驚いた先頭のオランダ軍のトラックが速度をゆるめた。そこにロケット砲が二発打ち込まれた。一発は先頭トラックをそれて前方に、もう一発は二台目の車に命中した。

　間髪を入れず、前方の道に六人ほどの兵士が飛び出した。六人は、一斉に銃を撃ち放った。道端の草むらの中からも銃声が響いた。敵は数十人はいる。前方、両サイドと三方からの一斉射撃だ。ゲリラ戦の定石どおりの攻め方といってよかった。

　先頭のオランダ軍トラックは、咄嗟の攻撃にどうしたものか戸惑っていた。だが次の瞬間、動物的直感で、前方へ強行突破する行動に出た。オランダ兵たちは荷台に据えられた機関銃や手持ちの自動小銃で応戦しはじめた。トラックはスピードを上げ、車上の機関銃は狂ったように撃ちまくられた。そのとき、真横から飛んできた弾が機関銃を撃つ兵士の鼻と頬の肉を一瞬にしてはじき飛ばした。それでも兵士は撃ち続けた。

　トラックは正面に立ちはだかる敵の一群に突っ込んだ。敵は、驚いて撃つ手を止め、道端によけた。草むらになぎ倒された兵士もいる。

　前方に異変が起きていることは、後方を走っている車にも確認できた。というよりも、すぐに後継車両にも攻撃が及んできた。

　二台目の車は、一台目の車のように機関銃を装備しているわけでもなく、とうてい強行突破できるとは思えない。そのままバックしようとした。だが、ロケット弾を受けたため、思うように走れない。方向を変えようとしている三台目の車体に衝突してしまった。

ドライバーも慌てているので、ハンドルがうまく切れない。おまけに、土を盛り上げただけの道は狭く、方向転換は容易ではない。ついに三台目の車は、側溝へタイヤを突っ込んでしまった。

攻撃は激しくなるばかり。車は身動きできなくなった。弾は雨のように容赦なく飛んできた。トンチャイ氏は、車の中は標的にされやすいと思い、咄嗟の判断で、外に飛び出した。そのとき、左足に熱い激痛が走り、そのまま草の中に倒れた。

「やられた」

トンチャイ氏は観念した。足に手を伸ばすと、生温かい血潮に触れた。それでも、これから死が待っていると思うと、不思議に痛みはやわらいだ。じっとそのまま伏せているしかなす術はなかった。

ずいぶん長い時間のような気がしたという。

いつの間にか、銃声はやんだ。十分ぐらい伏せていただろうか。もっと短かったかもしれないが、時間の感覚は麻痺してしまっていた。

トンチャイ氏は、恐る恐る頭を上げた。遠くに、近づいてくる兵士たちの姿が見えた。相変わらず、銃口をこちらに向けている。着ているくすんだ緑色の軍服と見慣れた中国服の帽子は、ポル・ポト兵のように思えた。おそらく、死体を確認するために、そして、とどめを刺すためにやってくるのだ。

トンチャイ氏は再び伏せた。息をこらした。土を踏む微《かす》かな足音が聞こえてきた。恐怖が全身を走った。足音が止まった。と同時に上から強い視線を感じた。思い切って顔を上げた。兵士と目があった。見覚えのある顔だった。すぐに思い出した。ポル・ポト派の村で会ったことのある男だった。だが、男にあのときの穏やかで素朴な表情はなく、睨みつけるような視線だけが際立っていた。一重まぶたの向こうに恐ろしいほどの殺気を感じた。

男は、「立て」とうながすように顔で命令した。

トンチャイ氏は用心深く命令に従った。破片でもくい込んでいるのか、足は思うように動かない。ゆっくりと、やっとの思いで立つことができた。無抵抗を示すべく、両手を上げたまま男と対峙した。男は威嚇するようにバーン、バーンと足元に向かって一発銃をぶっぱなした。銃口は再びトンチャイ氏の胸に向けられた。中国製のＡＫ47だった。

自分はこの男に殺されるのだと思った。男は引き金に力を込めた。風景が凍りついたように静止した。次の瞬間、なぜか銃口が下がった。目を疑った。こちらに向かって火を噴くはずの銃が、だらりと地面に向けられているのだ。

男は力を抜いたようだった。顔見知りだからひるんだのかもしれない。だが、自分の運命は、まだまだ彼らの手の内にあった。

ポル・ポト兵たちは、敵を車から引きずり出している。こちら側はみんなそれぞれに負傷している。立ち上がれない者もいるし、血だらけの文民警官もいる。ポル・ポト兵は三メートルほどの至近距離からロケット砲を構え、とどめを刺そうとしている。

そのとき、二台目の車から日本人警官が引きずり出された。それが高田警部補だった。高田警部補は立ち上がれないらしく、座ったまま手をホールドアップしていた。ところが突然、恐怖からか「ギブ・アップ、ギブ・アップ」と大きな声で叫んだ。その声にポル・ポト兵は驚き、反射的に銃を放った。弾は高田警部補の肩に命中したのか、そこから血と肉片が飛び散った。警部補はまるでスローモーションのようにもんどりうって、あおむけに倒れた。

あたりに再び静寂が戻り、緊張感が走り抜けた。空気が壁のように凝固した。

ポル・ポト兵十数人がものもいわず死体をチェックしている。時々バーンと銃声が響きわたる。

後方三台の車はいつの間にかいなくなっていた。うまく逃げおおせたのだろうか。

ポル・ポト兵たちは一巡すると、リーダーと思われる男の前に集まった。リーダーの肌はこれ以上にはないほど陽に焼けていた。ジャングルでの禁欲生活が作った痩せた体からは憎しみが漂っていた。リーダーはうなずいただけで、ゆっくりときびすを返し去っていった。一人、一人……とポル・ポト兵たちは、ブッシュの中に消えていった。

蜂の巣状態の車

誰もが言葉を失っていた。というよりも、生きてその場に残された者は、全員深い傷を負っていた。血まみれであった。おそらく、ポル・ポト兵たちは、そのまま放置しておけば、そのうち全員死んでしまうだろうと考えたのだろう。その場所から村までは遠かったし、炎天下で太陽がジリジリと照りつけていた。そのまましわりじわりと苦しみながら死んでもらえれば、ポル・ポト兵にとっても好都合だったに違いない。全員にとどめを刺すほどの弾の余裕は彼らにはない。

「助かったのだろうか」

トンチャイ氏は、途方に暮れながら、まだ事態が正確に呑み込めていなかった。周囲を見回した。文民警官たちが自分と同じように立ちすくんでいた。

とその時、二台目の後部座席のドアが開いた。中からオランダ人指揮官がゆっくりと出てきた。

生きていたのだ。前の座席と後ろの座席の間に寝そべっていたので、ちょうど死角になったのだろう。それでも、負傷しているようだ。車は、蜂の巣状態だ。

指揮官は、周囲を見回してから肩の力を落とした。何か決断したらしく、足を引きずりながら車を半周し、運転席に近づいた。そして、無線機のマイクを取り上げ、UNTACオランダ軍司令部に連絡を取り始めた。無線機は壊れていなかった。奇跡的につながった。トンチャイ氏は、「助かるかもしれない」と初めて思ったという。

横たわっている高田警部補のまわりを日本人文民警官たちが取り囲んでいた。無残にも、高田氏の息は絶えていた。その体には銃弾を四発受けた跡が見られた。左首横の肩から入っていた跡だけが異様に大きかった。おそらく、至近距離から撃たれたためだろう。立った状態のポル・ポト兵が、上から高田氏を撃ち、左肩から入った弾はそのまま心臓を射貫き、致命傷となったのだろう。日本人文民警官たちの目からは涙があふれ出ていた。涙はポタポタと地面に落ち、乾いた土の中に吸い込まれた。

以上が事件の真相だ。

この話を聞いたとき、私は驚きを隠せなかった。なぜなら、高田警部補殺害の犯人が明らかにポル・ポト兵だったからだ。そのことは、私にとっても世界にとっても、ずっと謎だったのである。UNTACも犯人の断定をしなかったはずだ。

しかし、UNTACが知らないわけはなかった気がする。発表しなかった理由は何だろう。想像するに、あの事件があったころは非常にデリケートな時期であった。まだ、ポル・ポト派を選挙に参加させるべくＵＮＴＡＣが努力していたときである。選挙参加が叶わなくとも、ポル・ポト派を怒らせるのだけは避けたかった。選挙妨害されるからだ。だからＵＮＴＡＣは真相を発表しなかった。そんな政治的判断があったのではないだろうか。現実にポル・ポト派による選挙妨害は不思議なほどなかったし、総選挙は成功したのだった。

変わるＰＫＯ

最近、ＰＫＯの問題が、日本のニュースでも時々出てくるようになってきた。直近では、南スーダンにＰＫＯで派遣されている自衛隊の駆けつけ警護の問題や、撤退のことがニュースで取り上げられた。

そもそもＰＫＯとは何か。Peace Keeping Operations、日本語でいえば、平和維持活動となる。日本の自衛隊が最初にＰＫＯに参加したのが、一九九二年のカンボジア派遣。それからルワンダ難民救援活動、モザンビーク、ゴラン高原、イラク、ハイチ、南スーダンと続く。そのうち私が取材したのは、カンボジア、ルワンダ、イラク、ハイチだ。

日本がなぜ、ＰＫＯで海外派遣をするようになったか。その理由は一九九一年の湾岸戦争だ。米国を中心とした先進諸国が多国籍軍を結成して、クウェートに侵略したイラク軍を追い出したが、その戦いに日本の自衛隊は参加せず、百三十億ドルという金を拠出した。戦後、クウェート政府はニューヨーク・タイムズに全面広告で、参加した国に対して感謝の弁を述べていた。ところが、その参加国の名前の中に日本国の名前はなかった。これが、日本政府のトラウマとなり、「金だけでは世界に認められない」という認識に至ってPKO法案が成立したというわけなのだ（第五章にも書いた）。

ところが、日本政府としては、派遣も痛し痒《かゆ》しだ。自衛隊にもしものことがあれば、入隊希望者が減り、自衛隊の存続そのものがあやしくなる。法的にも問題だ。戦後ずっと、日本は自衛隊を戦地に派遣できないことになっている。戦死者でも出れば、戦地に派遣したことになり、憲法違反ということになる。

しかし、政府はいずれ憲法を改正し、自衛隊を自由に海外派遣できるようにもしたいし、戦地へも出したいし、日米で対等に同盟を結びたいと考えている。だから、その前段階として、少しずつ実績を作りたい。自衛隊や戦争への国民のアレルギーを少しずつ取り除きたいと思っている。今、自衛隊に犠牲者が出てはならないというのが絶対的な条件なのだ。カンボジアにしてもタケオという最も安全な地に宿営地を構えさせた。

ルワンダ派遣では、隣国のザイールのゴマ、そこの空港内に宿営地を構えた。なぜ、空港内かといえば、何か事態が起こった時には、真っ先に逃げ出せる態勢を整えたわけだ。

　その矛盾が最も出たのはカンボジアだった。自衛隊の派遣に反対だった野党勢力は、「自衛隊を戦地に送るのは違反だ」と攻撃。すると、自民党は「戦場ではない。戦争は終わっているし、安全な地に送るのだ」と反論。野党は「安全だというのなら、文民やボランティアも派遣しろ」となった。それで、日本の文民警官や国連ボランティアらが派遣されることになった。ところが、自衛隊に犠牲者が出てはならないので、自衛隊は安全なタケオへとなり、危険地帯へ文民警官や国連ボランティアが派遣されることになった。だから、前述したように、高田警部補や中田厚仁さんが殺害されることになった。

　この矛盾は、現場にいると笑えるほど滑稽だった。自衛隊が最も安全なところにいて、民間人が最も危険な地域に派遣されるのだから、何をかいわんやだ。

　カンボジアでもルワンダでも、自衛隊にはそれほど仕事もなくて、暇そうだった。ルワンダなど、自衛隊派遣が遅かったので、難民救済の仕事は、ほとんど他のNGO（非政府組織）にとられ、時間を持て余しているように見えた（詳細は、拙著『厳戒下のカンボジアを行く』『漂泊のルワンダ』に書いた）。

　しかし、自衛隊に仕事があろうがなかろうが、それはあまり問題にならない。日本政府としては、自衛隊を派遣することに意味があるからだ。中身はほとんど関係ないのである。

つまるところ、行って無事に帰国することが最大の任務だったのだ。

イラクではサマワという、やはり最も安全な場所に宿営地を設置し、やはり仕事は少なかったようだが、あの時、最も驚いたのは、彼らの手当である。われわれ報道陣（社員）が、一人一日あたり三千円ほどの手当だったのに対し、自衛隊員は一日あたり一万円近かった。

万一殉死した場合、自衛隊員には約一億円の補償があった。これは、時の小泉純一郎首相が、犠牲者が出た時に、遺族が大騒ぎするのを少しでも食い止めようとしたからに違いない。ということは、犠牲者が出ることも想定した値段だったのだろう。しかし、自衛隊員には犠牲者は出なかった。前述のとおり安全なところにいたからだ。報道陣の中から、フリーランスの橋田信介さんが殺害され、犠牲となった。

現実問題、もし実際に日本で戦争が起こり、自衛隊員に犠牲者が多く出た場合、一人一億円も支払っていたら、国家予算がもたない。政府としては、もう少し減らしたいはずだ。だから、靖国神社という精神的な力を借りたいのではないかと、私は勘ぐってしまう。戦争犠牲者が、靖国神社で永遠に称えられるという装置があれば、国家予算は減額できるという現実的な考えがあるのかもしれない。

駆けつけ警護の問題

話をＰＫＯに戻そう。

二〇一〇年、ハイチで起きた大地震の復興支援のため、陸上自衛隊が派遣されたが、彼らはほとんど報道されることなく、寂しい思いをした部隊であった。

後述するが、私はハイチ大地震も取材した。現地の自衛隊宿営地に行くと、大歓迎に近い喜びようであった。報道されないと、派遣された意味は半減する。報道とは、社会認知の役割を担っているのである。

最後に、南スーダンの「駆けつけ警護」の問題。ＰＫＯの中で、駆けつけ警護という概念は、かつてなかった。それが出てきたのは、実はルワンダＰＫＯがきっかけだった。

ルワンダ難民救援で日本の自衛隊が派遣されたのは、ザイールであって、ルワンダそのものではない。ルワンダは、明らかに戦争状態にあったから、自衛隊は入れなかったのだ。他国のＰＫＯ部隊は入っていた。とはいえ、当時のＰＫＯ部隊は、武力は持っていたが、攻撃することはなかった。武力を使えば、対立するツチ族かフツ族のどちらかに加担することにつながるからだ。国連ＰＫＯは、あくまでも中立を保たねばならなかった。

結果、ルワンダでは大虐殺が起こってしまった。あの時、国連ＰＫＯが武力を使って、阻止することができれば大虐殺を防げたのではないかという反省から、駆けつけ警護という概念が生まれてきたのだ。

南スーダンで駆けつけ警護の任務が付与された理由は、けっして南スーダンの人たちを本気で警護しようと思っているわけではなく、日米安保条約を強化する目的で、集団的自衛権の実績を作るためである。南スーダンでの実績は、あくまでも日米同盟強化のためにあった。

南スーダンからの撤退にも政治的な理由があった。もう実績はできたし、長くいては本当に自衛隊に犠牲者が出る。何しろ、南スーダンは、これまでのカンボジアやルワンダ、イラクと違って、本当に危険だ。さらに、当時の防衛大臣はその件に関して、説明が下手な上に、森友学園という別の問題が出てきた。このままでは政権崩壊の危険性すらあるということで、さっさと引き上げたのである。

第七章

ルワンダ内戦

自衛隊員の仕事を手伝うルワンダの子どもたち

ルワンダ内戦とは

アフリカの中央部に位置する豆粒のように小さな国、ルワンダ。今や経済発展も順調で、首都キガリの街には新しいビルが並び、ピカピカの乗用車が疾走している。外国資本が次々と乗り込んできて、同国の発展に協力している。日本も例外ではない。JICAやNGO、商社などが入り、繁栄を謳歌しているように見える。人類史上まれに見る忌まわしい事件が起こったとは今では想像もつかなくなりつつある。それほどの変わりようだ。

一九九〇年代初頭に起こったルワンダ内戦の取材は、私にとって最も危険なものだった。その話をする前に、ルワンダ内戦がどのようにして起こったかを簡単に説明しなければならない。

原因は、ルワンダのフツ族とツチ族との民族紛争である。ルワンダの内戦は、映画『ホテル・ルワンダ』のヒットなどで少しは日本人にも知られるようになったが、映画では語られなかったことを、私は現地で見た。

映画では「ツチ族とフツ族は、見た目も生活も変わらないのに、どうしていがみあうのか？」という具合に描かれていたが、実は、両民族はまったく異なっている。

ツチ族の祖先はサバンナや砂漠地帯に住む遊牧民であり、フツ族の祖先は熱帯雨林に住んでいた農耕民だ。その両部族が、アフリカ中央部でぶつかりあって定住したのである。見た目も明らかに違う。ツチ族はサバンナ気候に適応したスラリとした痩せ型で、背の高いのが特徴。一方、フツ族は農耕民族らしく、ずんぐりむっくりとした体型をしている。日本人である私が見ても七〇パーセントは区別できる。

ツチ族の女性たち。スラリとしているのが特徴

フツ族の女性たち。丸い鼻が特徴

両民族のパワーバランスは均等ではなかった。なぜなら、フツ族は全国民の約八〇パーセントを超える多数派で、ツチ族は一五パーセントほどの少数派民族だったからである。

一八九九年、隣国タンザニアを占領したドイツが武力で侵攻し、十七年間ルワンダを占領。第一次世界大戦中に劣勢となったドイツに代わり、一九一六年にベルギーが占領。その後四十六年間、ベルギーによる植民地統治が続く。だが、両植民地時代にもツチ族によるフツ族の支配は続いていた。ドイツもベルギーも両民族の対立を利用し、少数派のツチ族にフツ族を支配させることによって、間接統治を行ったのである。このことによって両民族間の憎悪は増幅された。その後、独立運動が相次いだ一九五〇年代後半から六〇年代、ルワンダもその波動を受け、それまで支配されていたフツ族が蜂起し、六二年に独立を勝ち取り、フツ族が支配層になった。歴史的大逆転である。

ところが、フツ族の大統領は、身分証明書に「フツ」「ツチ」と民族名を記入させる制度を作り、両民族の部族意識を根づかせ、次第に内戦化させていった。

そんな不安定な状況の中で、一九九四年四月六日に多数派フツ族の大統領の乗った飛行機が、何者かによって撃墜された。それを機に、隣国ウガンダに亡命していたツチ族の軍が、ルワンダに攻め込んだ。飛行機を撃墜したのもツチ族側の仕業ではないかと目されている。おまけに、ツチ族側には英国や米国、カナダなどの英語圏が、フツ族のバックには旧宗主国のフランスとベルギーがついているとされ、それが事態をより複雑にしていた。

ツチの兵隊が攻め込んだものだから、大量のフツ族が隣国に逃げ込んだ。特にザイールのゴマ市には約百万人のフツ族難民がなだれ込み、大きな三つの難民キャンプを形成していた。難民を援助するのは国連を中心に行われるのだが、フツ族にとっては、国連は英語圏が中心になっているので信用していない人が多かったというのが実情である。

難民は何を食べているか

ゴマ市の人口は約六万人というのに、当時、難民のほうが一般市民より十倍以上も多かった。難民キャンプはゴマ市郊外にあり、大きく三つのキャンプに分かれていた。約三十万人のキブンバ、約二十万人のムグンガ、約二十五万人のカタレである。最も大きなキブンバは、街から約二十キロ離れ、比較的安全だといわれるので、私は最初にそこを訪ねた。

ルワンダ難民の中には、それなりにお金を持っている人もいた。難民キャンプを訪れたとき、簡易テントでできたホテルやバーがあるのに驚いた。他にも酒屋や雑貨屋、ギャンブル場まであった。スーツを着た新郎と、ウェディングドレスを着た新婦で、結婚式を挙げる難民を見たこともある。難民といえども一律ではないと思った。金持ちだけでなく、中には、武器を所持した兵隊も混じっているから、話もややこしくなる。敵対するツチのスパイも紛れ込み、情報収集をしているという噂も流れていた。実際、難民救済活動を行っている国連難民高等弁務官事務所（UNHCR）やNGOの人たちは、「水タンクや井戸に毒を入れられたという噂が流れ、難民たちが従ってくれない」とコントロールの難しさ

ルワンダ難民のテント。約30万人がひしめく

を嘆いていた。

そんな中で、彼らはどんな生活をしているのか。私は、ある家族の話を聞いた。

家長はカマリさん（当時三十六歳）。妻のハジマナさん（同二十六歳）と六歳と四歳の娘、九か月の息子、それにカマリさんの弟と妹の七人でキブンバ・キャンプ内の一テントに住む。

カマリさんは、「イルショジャ・ルワンダ（人民の目）」という月に二度、三万部を発行する新聞の経済記者をやっていたという。家族七人でルワンダの首都キガリを二か月前に脱出。ここまでたどり着くのに十五日間、子どもを背負い歩き続けた。手持ちの金、四千ルワンダ・フラン（約千円）のほか、ラジオ、台所用品、厚さ十センチほどもありそうな大きな英仏辞典と聖書を一緒に持って出た。家を建てたばかりだったので、銀行には預金もなかった。家は数軒あったが、キガリの家は今回の戦争で壊されたという。

食料の配給は、とうもろこし、小麦、豆を週に一人あたり一キロ。水は一人あたり一日十リットル、その他ビスケットを一人あたり週に最大十五枚。それでどんな食事をしているのか。

ある日の朝食は、とうもろこしの粉を茹でた、おかゆに似たスープ。昼食には野菜三束を三十ルワンダ・フラン（約八円）で買って湯がいたものと、とうもろこしパン。夕食はないことが多いが、昨夜は朝と同じスープを食べたという。

一日のスケジュールは、朝六時半に起きてキャンプの中のキリスト教会でお祈りをすることから始まる。カマリさんは、ある援助団体で働き、月三万五千ザイール・フラン（約千五百円）の給料を得ている。仕事のない難民がほとんどの中で、少しでも収入があるのは恵まれているほうだろうが、将来のことを考えると不安になるという。

仕事を持たない妹や弟は、その辺の林（国立公園内）で薪を切ってくるのが役目。妹は一か月前に病気で死にかけたが、ユニセフの助けで命をとりとめた。

日が沈むとともにテントに入って寝るしかない。毛布は二枚しかない。妻と子ども一人とカマリさんの三人で一枚。弟、妹と子どもニ人でもう一枚を掛けて眠る。

夜に火山を見ると、頂上が真っ赤に燃えて不安が募り、怖くなるという。

「このキャンプは人の数が多すぎる。水不足が心配だ。今日も給水タンクに毒が入っているという噂が流れていた」とカマリさんはうんざりしながら話してくれた。

国境の山で報復虐殺

そんな難民たちを取材しているうちに、私は妙な噂を聞いた。難民の中には、自国ルワンダに帰還しようとしている人たちがいるという。ルワンダ国内は、対立するツチ族が支配しているが、少数派ツチ族だけでは国が維持できないと見えて、ラジオ放送を通じて帰還を呼びかけているのだ。そのラジオ放送を信じて帰ろうとすると、その途中の山の中で、報復虐殺されるというのである。その山とは、ザイールとルワンダの国境にある山で、ちょうど頂上が国境になっているという。

もしそこで報復虐殺が本当に行われているとすれば、大変な事件である。それでは、現政権のツチ族がウソをついていることになり、フツ族はいつまでも国には帰れないことになる。このことは、まだ世界中のどのメディアも伝えてはいない。もしその事実をつかめれば、世界的なスクープとなるはずであった。

私は当時東京新聞のカメラマンだったので、記者と一緒に、その情報源をつかもうと、現地の情報屋を使って調べていた。そして、情報屋がついにその現場を知っている難民を見つけた。難民は元農夫で、フェベナルと名のった。なぜ、彼が現場を知っているかというと、彼は他の仲間と一緒に帰還しようと山に登ったところ、頂上付近でツチの兵隊に襲撃され、ナタで首の後ろを切りつけられ、その場で気絶した。敵は、死んだと思って放置したのだが、フェベナルは夜になって目覚め、難民キャンプに引き返したという。ナタで切られた跡がしっかり残っているのを見せてくれた。九死に一生を得た人なのだ。

われわれは彼と情報屋に案内してもらい、山に登ることにした。荷物を持つポーターも雇った。しかし、その山は国立公園に指定された山なので、入るには管理しているザイール兵に許可を得なければならない。

われわれは、決行の日の早朝、ザイール軍のコマンダーを訪ねた。ところが、コマンダーは許可してくれない。「われわれはルワンダ兵（ツチ）とトラブルを起こしたくない。それに、彼らは山に地雷を埋めている。危険だからやめろ」という。その山のこちら側はザイール兵が管轄し、反対側はツチの兵隊がコントロールしている。特に虐殺現場は、ツチの兵隊がいるので、見つかれば殺されるという。それはそうだ。彼らだって、秘密で報復虐殺をしているのであって、それが暴かれては国際世論に糾弾されるに決まっている。

コマンダーは許可しなかったし、「山に入るなら、あなたたちの命の保証はしない」と言った。私の勘では、どうもザイール兵とルワンダ兵は通じ合っているように感じた。

われわれは、通常の道を通るのではなく、こっそり裏道を使って入ることにした。頂上までは三時間以上かかるという。

一時間歩いたところで、同僚の記者は音《ね》を上げた。第一章でも触れたように、マラリア予防薬が災いした。「僕は、とてもこの山を登れそうもありません。体力の限界です」という。私は彼を置いて一人で進むことにした。

しかし、これほど危険な山登りもなかった。ザイール兵に見つかっても、ルワンダ兵に見つかっても殺されるに決まっている。危険度は、ほぼ五分五分に近い。博打《ばくち》のようである。では、私はなぜ行くのか、山道をゼーゼーと登りながら、何度も自問自答した。

理由の一つは、この決行の日まで、情報を集めたり、案内人に交渉したりと一週間も準備したこと。ホテルから案内人のいるキャンプまで三時間ほどかかる。それを毎日のように行ったり来たりした。途中、ザイール兵に何度も車を止められる。

ザイール兵は給料支給が滞っているらしく、自分で自分の食いぶちを稼がなければならないらしい。車を止めては、われわれから金をせびる。共同通信のカメラマンは、五千ドル（約五十万円）ほど取られたと言っていた。

面倒だから、私は上着のポケットにいつも小銭をたくさん入れていた。何しろ、銃口をつきつけて金を要求するわけだから、払わないわけにはいかない。ある日など、帰りが夜になって、真っ暗な中で銃口を向けられた時には、ぞっとした。こんな誰も見ていないところで撃たれたら、私は行方不明のままで終わってしまうに違いないと思った。

そんな苦労を一週間もして、ここで引き返すわけにはいかないという気持ちだった。

それに、私は、帰国したらカメラマンから記者への転向が決まっていた。記者になったら、また一から出直しだから、二度と戦場には出られないだろう（実際には、再び出ることになるのだが）。カメラマンとしての最後の危険な取材。人生において、危険な取材はこれを最後にしよう。最後だから、多少無理をしても仕方がない、などと考えていた。しかし山を登るうち、もう何も考える余裕などなくなり、麻痺したように歩くだけだった。

腐臭漂う虐殺現場

ときおり、大きな木が途絶え、視界が開ける。空はどんよりとして、遠くに雷の音が聞こえる。突然、竹やぶの中でガサゴソと何かが動いた。緊張が走る。動物がいるのか。犬が死体を食べているという噂を村で聞いていたので、もしや、と思った。だが、鹿だった。

さらにゆっくり前進する。今度は反対側からガサッと何かが動いた。ギョッとして視線を向けると、しま模様の猿の尻尾が見えた。フーとため息が漏れる。

前方を見ると、情報屋が立ち止まり、ここがルワンダとザイールの国境だと示す。別に線が引いてあるわけでもないのにどうしてわかるのかと思うが、よく見ると道が二手に分かれていた。

「ここにツチの兵隊が待ち受けていたんだ」

案内人がいう。そう言われると、今にもそこから兵士が飛び出してきそうな気がしてくる。足音を立てないようにゆっくりと登る。それでも呼吸だけは激しくなる。もう体力の限界ははるかに超えていた。

その時、鼻の先にプンと強い臭いがよぎった。

「これだ！」

頭を上げると目の前にゴロンと頭蓋骨が転がっていた。その向こうに朽ちた衣服からはみ出した白骨が見える。案内人たちは立ちすくみ、一様に鼻を手で押さえている。

私も駆け寄るが、ウッとくる死臭に耐えられない。彼らと同じように手で鼻を押さえる。それでも襲ってくる異臭。私は首に巻いていたタオルで顔をきつく覆面のように巻き、その上からさらに鼻を手で押さえた。

ポーターにカメラを出すよう指示するが、彼は慌てふためくばかり。慌てれば慌てるほどうまく取り出せない。皆緊張し、殺気だっている。

私がカメラを持つと、

「早く撮れ、早く!」

と皆の目が叫んでいる。かと思うと、目はおびえたように周囲を見回している。直径十メートルほどのその一角だけは草がなく、白骨化した死体が七体か八体、無造作に転がっている。想像していたよりも少ない。何か小学校の校庭の隅にあるゴミ焼却場のような印象だ。よく見ると周囲にもところどころに骨が散らばっている。犬が引きずっていって食べたに違いない。

「この上にいくと、もっと死体がある、何百と……」

案内人が震えながらいう。

私は、上にいくべきか迷った。いや、これだけでも報復虐殺があった証拠としては十分だ。怖いのは、この一角は上方が開けていて、上からの見晴らしが利くことだ。少なくとも二方向に山が迫っている。あの山の上にルワンダ兵がいれば、われわれの姿は容易に確認できる。それを感じているのだろう。案内人たちはじっとたたずんで一歩も動こうとはしない。動けば足音も聞こえ、目にも入りやすくなる。

私は写真を撮るのに忙しく、とても上方を見ている余裕はない。アフリカ人がよく着る

虐殺現場で恐る恐る頭蓋骨を手にする難民のフェベナル

黒い背広や原色のブルーや赤の衣類が散乱している。頭蓋骨がいくつも転がっている。

「ひとつ見せてくれ」

と身振りで私がうながすと、フェベナルが手にとってカメラのほうへ向けた。

彼の顔が引きつっている。

それにしても臭いがたまらない。私は何度も人間の腐った遺体に遭遇したことがあるが、この臭いは少し違っていた。何か焦げた臭いが混ざっている。だが、白骨や衣類を見ると燃やした形跡はない。不思議に思ったが、あまりの腐臭とルワンダ兵への恐怖で、一刻も早くこの場を立ち去りたかった。案内人たちの顔にもそう書いてある。

その時、ドドン！　と大きな音がした。皆ビクッとする。

雷だった。私が、

「OK、フィニッシュ（終わった）」

というのが早いか、彼らは一目散に駆け出した。私は驚いて後を追った。急に恐怖感が押し寄せてきた。ルワンダ兵が追いかけてきているような気がした。

「どうして俺を置いていくんだ」

心の中で叫んだ。皆、斜面を転がるように下りて行く。それほど怖いのだ。

しばらくは、私も必死で追いかける。四十五度の急な斜面は、下りるというより滑っているようだ。あんなに疲れていたはずなのに、恐怖心のせいか、下り坂のせいか、私の足は実によく動いた。誰も何もしゃべらず、ひたすら見覚えのある道を下る。

雨が降り始める。雨足はどんどん激しくなる。雲がかかり、森の中は夜のように暗くなった。だが、私の心は、「ついにやった！」という気持ちで充足していた。

「帰国するな」の命令

大仕事を終えた私は帰国しようと思った。日本を出てすでに一か月近かった。記者たちは三か月で交代していた。それほどきつい現場なのだ。

ホテルに帰ってもお湯は出ない。食事はまずい。停電もしばしばなので、私は日本から重い自家発電機を持ってきていた。そのほか、二十キロはあろうと思われる衛星電話やフィルム現像のための暗室用具まで持参である。全部で百キロ近い荷物。これを一人で運ぶのは無理なので、私はやむなく航空自衛隊の輸送機で私と一緒に運んでもらったのである。私は衛星電話で写真部に、「そろそろ帰国しようと思います。交代要員の派遣をお願いします」と告げた。すると、写真部長から返事が来た。「吉岡君、悪いがもう少しいてくれ。編集局長が『吉岡はアフリカ人だから交代する必要なし』と言っていたよ」と笑って話した。

なんてこった。私は少し困った。ここにいることが辛いからではない。年明けに私はカメラマンから記者に転向する手はずになっている。朝日新聞への転職が叶わなかったので、その後、どう生きていこうかと考えていた。このまま写真部に残り、カメラマンとして、そして内勤であるデスクとして生きていくことはたまらなく嫌だった。

はっきり言えば、カメラマンとしての仕事には飽きていたし不満だった。新聞社を引っ張っているのはカメラマンではなく、やはり記者（ライター）だ。カメラマンは、記者のオーダーで動く仕事で、ジャーナリストというよりも〝写真屋〟というのが実情だった。では、なぜカメラマンとして私を求めている朝日新聞に行こうと思ったのか。その答えは、給料が高いからである。中日（東京）新聞の一・五倍はもらっているようであった。それぐらい出るのであれば、カメラマンでもいいと思ったのが正直なところだ。私はもともとカメラマンになりたくてこの世界に入ったわけではないから、こだわりはあまりない。評価は給与で示されるべきだと、当時の私は考えていた。

さらに、もっと切実な問題として、私には当時借金があった。離婚して自分一人住める小さなマンションを東京都内に買ったのだが、バブルの絶頂期という最悪のタイミングだった。買って一年もしないうちにバブルは崩壊し、マンションの市価は半分以下に値下がりした。子どもたちへの養育費も払わねばならず、私は借金に追われていた。マンション購入は、当時の私の心の拠り所だった。家族のいなくなった私は、せめて老後まで住める自分の住み処が欲しかった。それが孤独な私の気持ちを支えていた。

仕事の話に戻るが、中日（東京）新聞に残るとすれば、定年まで二十年は残っていた。二十年もカメラマンとして生きていかねばならないとすればうんざりした。そこで考えたのが記者への転向だ。

若いころ何度か「記者にならないか」と先輩記者から声をかけられたことはあったが、ずっと断ってきた。「何を今さら」と思われるかもしれないが、私はずっと自信がなかった。日本の大学を出ていないので、勉強をあまりしていない。コンプレックスがあったのだ。

ところが米国に留学して考えが変わってきていた。米国で論文を書くとき、日本人としては辛いものがあった。「これが、日本語だったらなあ」と何度も思った。そのうち、「日本語であれば、なんでもできる。新聞記者だってできる」と考えるようになっていた。だから、米国留学が終わったときも、会社社長に「米国の永住権を取得したので、ロサンゼルスに支局を開局し、私を終身特派員として派遣してください」と嘆願書を書いたこともあった。

もちろん、この申し出も「米国に住みたい」と望む私の家族のためであった。結果は、社長や重役はOKし、「吉岡君は記者の経験はないようだから、他の特派員もいるニューヨークで記者の修業をしてからロサンゼルスに行きなさい」と言ってくれた。

だが、現場の責任者である外報部長にこっぴどく叱られて、その話はおじゃんになった。外報部長曰く、「特派員というのは記者の中でもエリートなんだよ。それが、ただのカメラマンが特派員になろうだなんて、君は新聞社の仕組みがわかってないね。私は許さないよ」という何とも勝ち組の論理だった。私も負けてはいない。

「では、会社を辞めてロサンゼルスに住みますから、嘱託特派員として契約してもらえませんか」と問うた。すると、隣の席で聞いていた編集局長が、「いくらで契約するつもりだ」と聞いてきた。

「年間五百万円」と答えると、

「安いな」と局長。そして、言葉をついだ。

「まあ、吉岡君。君の気持ちはわかる。私だって、この会社を辞めようと思ったことは何度もある。しかし、辞めるのはいつでもできるから、一度東京でやってみないか。君の性格は名古屋向きではないよ」

この話し合いによって、私は東京で勤務することになり、東欧から始まり、湾岸戦争、カンボジア、ルワンダと海外取材が増えていくのである。東京本社にいる間に、もう一度だけ特派員になるチャンスがあった。一九九一年十二月のソ連邦崩壊のときである。私は、編集局長あてに企画書を提出した。内容は、一年間の連載企画。移動特派員としてソ連邦周辺を一年間取材して回るというもの。局長は一言、「お前も悪じゃのう」とつぶやいた。

数日後、局長は私の企画を重役会議にかけた。ほかの重役から聞いた話だが、その会議で局長は、「吉岡が、また悪巧みを考えてきた。これだ」と紹介したという。その企画はNGとなったが、私の名は重役連中に知れ渡ることになった。

その直後、一つの事件が起きた。ロシア語が堪能なモスクワ特派員が読売新聞に引き抜かれたのである。社は困り、編集局内にモスクワ特派員を募集したが、誰も希望者が出なかった。私はカメラマンながら手を挙げた。すると、局長は「また、お前か。まあ、いいだろう。お前をモスクワに送ってもいいが、その前にやってほしいことがある」という。

「なんですか？」

「朝刊の最終面をラジオ・テレビ欄でなく『TOKYO発』という記事頁に改革しようと考えている。写真も大きく張るので、軌道にのるまで写真担当としてやってくれ。そしたらモスクワに派遣してやる」

私は従ったが、一年後、局長が入院してしまい、その話もご破算となってしまったのである。

東京本社トップへの嘆願書

さて、話はルワンダからの帰国騒動に戻る。ルワンダから戻れば、私は次の人事異動で横浜支局へ記者として転勤することになっていた。それが、ルワンダ取材が延長されれば、人事異動が白紙になる可能性があった。何しろ、その人事異動に私は一年間かけて根回ししていた。そもそも、新聞社において、カメラマンから記者に転向した人はほとんどいない。そこには大きな壁があるのが実情だった。私は、写真部長を口説き、編集局長を説得し、やっと了解をもらい、その年の夏に記者への転向人事が発令される予定だった。ところが、発表はなかった。私は「どうなったのか？」と部長と編集局長に詰め寄った。

局長はウーンとうなってから、

「東京代表から、こんな人事は許さんと一蹴されたのだ」という。

東京代表は、編集局長よりも上の存在。東京本社のトップだった。

その夜、私は東京代表に次のような嘆願書を書いた。

「作家松本清張をご存じでしょうか。清張は若いころ朝日新聞社でデザインの仕事をしていました。学歴がなかったから新聞記者になれなかったのです。その後、彼は大作家になりましたが、新聞社にいたころ、どんなに屈辱的だったことでしょう。彼は記事を書きたかったのですが、デザイナーとしてしか採用されなかったのです。どんなに無念に思ったことでしょう。私には清張の気持ちがわかります。私も学歴がなくて、カメラマンにしかなれなかったのです。今こそ、私に記者になれるチャンスをいただけないでしょうか」

するとと、数日後に秘書から電話があった。

「東京代表がお呼びですので、来てください」とのことだった。

私が緊張しながら代表室に入ると、代表はいきなり怒りを表した。

「どういうつもりかね。カメラマンに記事を書くことを奨励したことはあるが、記者になれと言ったことはない。そんな人事は聞いたことがない。これは労働契約の違反なんだぞ。わかっているのか」

言い返す理屈がない。仕方なく、ソファから降り、絨毯《じゅうたん》の上に土下座した。

「そこを何とかお願いいいたします」

私は、何度も頭を下げた。代表は、

「横浜支局ではなく、社会部ではだめなのか」

「はい、実は、私は離婚しまして金がありません。今度再婚するのですが、社会部では転居を伴う転勤にならないので、社宅に入れません。横浜だと管轄が変わるので社宅に入れます。是非、お許しください」

私は正直に話した。代表は呆れた顔を見せたが、やがて観念したように笑い、次のように語った。

「わかった。横浜へ行ってもいいが、早く本社に帰ってこいよ」

そんな苦労をしての転勤希望だったので、計画を潰すわけにもいかず、ルワンダから早く帰りたかった。本社に返事をした。

「わかりました。じゃあ、あと一か月はこちらにいますので、一か月後には帰国させてもらいます」

本社はしぶしぶ納得した。

第八章

楽な戦争取材、危険な戦争取材

——アフガニスタン、イラク戦争

アフガン取材でタジキスタンからカブールへ向かう道中。ロシア製戦車が放置されていた

四十三歳の新人記者

無事転勤で横浜支局に入ったが、けっして楽ではなかった。何しろ、新聞記者としてはペーペー。右も左もわからない。まずは「サツ回り」（警察回り）からやらされる。事件記者といえば格好はいいが、ライバル社はみんな大学を卒業したばかりの新入社員を配属する。サツ回りは、新聞記者の基礎の基礎だから、地方の警察に新人を配属するのは新聞社のシステムなのだ。

当時、私は四十三歳。ライバルは二十代前半の若者たち。普通であれば嫌になるところだが、私はプライドを捨て、できるだけ楽しもうと思った。実際、楽しいことも多かった。若い記者との交流は面白かったし、私自身も若返るようだった。

警察署員たちの私への対応も別格だった。最初は私が本社で何か大きなミスでもして懲罰人事でサツ回りをやらされていると思っていたようだが、私が自ら望んで来たのがわかると態度を変えた。

事件が起こった時、若い記者たちは署長や副署長になかなか近づけない場合でも、私が行くと、「吉岡さんでしたか。こちらへどうぞ」と署長室に優先的に入れてくれたりした。要は、警察組織も年功序列のようなところがあり、年齢が上の私を無視できないのだ。名前もすぐに覚えられた。新聞記者にとって名前を覚えられることはとても大事なことだ。何しろ、名前も知らない新聞記者に機密情報を教えてくれるわけがない。名前を覚えてもらうことは基本のキだ。

特ダネもいくつか取った。私は、カメラマン時代に独自の手法を編み出したが、記者としての独自の方法も見つけた。

記者は、「夜討ち朝駆け」といって、情報源である署長や副署長の家まで朝晩通い、情報を取るのが一般的だ。しかし、これを実行する記者は大変だ。殺人事件などが起こると、署長などが自宅に帰るのは夜中の一時だったりするし、朝は七時、八時に出勤する。これに合わせて自宅に通うとなると、記者は睡眠不足になる。

私の上司である県警キャップは、事件が起こると、私にも夜討ち朝駆けを依頼してくるのだが、私は最低限しかやらない。一つの事件でせいぜい一回行く程度。私から見ると、それは「労多くして益少ない」と思ったからだ。私の特ダネを取る方法は、あくまでも現場。現場に私はできるだけ長くいるし、多くの人に話しかける。本気でやるというより、自分の好奇心に合わせて、だらだらと取材しているだけで、遊んでいるようなものだ。ほかの記者から見れば、無駄な動きをしているようにしか見えないと思う。

しかし、他社が現場を去った後、私は何度も特ダネ情報を得た。雑談の中に特ダネはよく転がっている。新聞社での現役生活を振り返ってみて思うのは、私の場合、拾い物の特ダネがほとんど。ほかの記者が見向きもしないので、私が拾う。私が時々特ダネを取るものだから、そのうちキャップも私に夜討ち朝駆けを要求しなくなった。

支局生活一年が過ぎるころ、私はサツ回りの仕事に飽きてきた。支局記者の仕事は、短い記事を書くことが多い。火事や交通事故など十行、二十行の世界の話だ。無駄なく短く書く能力は、新聞記者にとって重要なことだ。

だが、私は長い文章、ストーリーを描きたいと思うようになった。そこで、私が記者になる直前に取材したルワンダのメモが残っていたので、これを長編ノンフィクションに書き換えようと考えた。メモといっても半分は書き終わっていた。

実は、私はノンフィクションを一冊書いたことがあった。テーマは以前取材したカンボジアである。そのころ、私は写真部の同僚女性と付き合っていた。カンボジア出張にあたって、何か月も会えなくなるのはかわいそうだと思い、毎日日記を書き、それを日本に送っていた。それが、合計六か月分もたまり、結果的に単行本になった。ラブレターが本になった格好だ。その後、その女性と再婚した。

まさかの開高健賞奨励賞

カンボジアの次の出張がルワンダだった。私は、同じように日記を彼女に送っていたのだが、そのうち彼女が言った。「これって日記でも手紙でもなく原稿だ」。カンボジアでのラブレターが単行本になったので、ルワンダ編も本になる可能性があると思って、最初から原稿の文体で書いていた。私としては、そのほうが書き直す手間が省けると思っていた。しかし彼女としては、自分に向けて書いていないことが明白なので不満そうだった。今では笑い話だが、そのルワンダの原稿が中途半端な形で残っていた。私は、それをサツ回りの仕事の合間に完成させようと考えたのだ。

数か月で、ルワンダ原稿は完成した。売り込みが始まるのだが、私はまずダメ元で開高健賞という文学賞に応募した。しばらくしても事務局から何も音沙汰がないので、どうせ落選したのだろうと思い、原稿をコピーして出版社五社に送った。すると二社から「出したい」という電話がかかってきた。ありがたかったが、賞に応募しているのでもう少し待ってほしいと頼んだ。すると、開高健賞の事務局から「最終選考に残っています」と連絡があった。

私は思わぬ展開に当惑した。出版社二社には断りの電話を入れ、本当のことを話した。うち一社はとても熱心で、「わかりました。賞に漏れたらうちで出させてください。賞を取れたら、新しいテーマで何か書いてください」と言ってくれた。

開高健賞の事務局は、最終選考までまだ時間があるので、書き直しに一週間の猶予をくれた。私は時間もないので妻に手伝ってもらった。実は、私は考えを表現するのは得意だが、文章能力自体は妻のほうが上だ。妻は身重で、出産予定を間近に控えていたが、ベッドで横になりながらも手伝ってくれた。

結果、大賞は逃したものの、奨励賞に選ばれた。幸運だった。奨励賞でも出版されることになっていたので、二作目、三作目の本が一気に決まったことになる。はからずも、受賞作『漂泊のルワンダ』は、娘の誕生と同時だった。カメラをペンに持ち替えたことを記念し、娘を「文」の意味で「風美《ふみ》」と名付けた。

授賞式の日、私は演壇でのあいさつで次のようなことを言った。

「私は受賞を機に、東京新聞を辞めようかと思っています」

すると、会場にいた東京新聞の代表、以前、私が土下座した相手であるが、彼が私のそばに寄ってきて、「吉岡君。君は辞めてはいかん。東京新聞にいなさい」と耳打ちした。彼は、私が横浜支局に転勤になったあとでも、時々支局に電話してきて、「吉岡君。今朝の君の書いた記事を読んだよ。頑張っているようだね」と励ましの言葉をかけてくれていた。私は代表の思いやりに感謝した。

授賞式の二次会で、審査委員長が私の隣に座った。委員長は、審査の内幕を話してくれた。

「私は君のルワンダを大賞に推したのだがね、委員の中に一人大反対する人物がいてね。君の作品では旧植民地についての欧米批判があるだろ。そこが気に入らないという。もしルワンダが大賞に選ばれるなら、自分は審査員を辞任するとまでいうんだ。だから……」

と明かした。私は、賞というのは人間が選ぶもの、そこには好みもあれば、政治的ないろいろな要因が絡むものだと認識した。

賞は取れたものの、私は自分の先行きが見えなくなっていた。支局で地方記者としてのんびり過ごすのもいいと思っていたのだが、支局は、思った以上に忙しかった。

こんなに気忙《きぜわ》しいのであれば、本社に戻ったほうがいいと考えた矢先、社内で異変が起きた。会長が亡くなった。そのとたん、私をかわいがってくれていた編集局長が東京本社からも編集局からも外された。いわゆる派閥闘争だ。局長が異動した後、私は動きがとれなくなっていた。そんな時、支局長から支局員に「おふれ」が回ってきた。

「本社の芸能部に転勤したい者はいないか。今なら、すぐに転勤できるぞ」というものだった。芸能部に欠員が出ていて、会社側は組合と揉めているので、早急に人員を確保しなければならないようだった。

私は手を挙げた。他に希望者はいないようだった。芸能部といえば、記者の本流とは違う。エリートは政治部、社会部、経済部、外報部などへ行きたがる。私が「芸能記者になる」と言ったら、同僚が「そんな女コドモのするような仕事」と笑った。しかし、そんなことを言っていたら、私はずっと本社に戻れなくなり、そのうち忘れ去られることになるだろう。別にエリートになろうと思っているわけではない。支局と本社を比較したら、本社のほうが面白そうだ。ならば、本社に戻ろうと思っただけである。芸能に興味があるわけでもない。なんでもよかったのだ。

芸能記者

私はめでたく本社に戻り、芸能記者になった。芸能の主な仕事はテレビに関する記事。そのほか、映画、演劇、音楽、伝統芸能があった。芸能記者は思っていた以上に忙しい世界だった。実際にテレビ番組を見たり、映画、演劇を見たり、音楽を聴いたりしなければならない。それをしなければ話にならない。どれだけ時間を割いても追いつかないのである。

そして問題なのは、どれだけ一生懸命にやったとしても評価されないのである。「どうせテレビや映画を見ているだけだろう。女優やタレントにも会えるんだろう」とうらやましがられるだけなのである。外からは、遊んでいるようにしか見えない。それは、とんでもない誤解である。作品を鑑賞するにしても、苦痛を感じる時もある。東京国際映画祭の時など、一日に四本も映画を見た。最後には気分が悪くなった。見るに耐えないテレビ番組も多い。若い女優にも馬鹿にされる。テレビ局のスタッフにも「新聞記者といっても、どうせ番組宣伝をしてくれるだけだろう」と見下される。

おまけに、部内でもいじめられた。私は四十三歳でカメラマンから記者に転向した。記者から見れば「横入り」なのである。芸能の世界には独特のルールがある。それを中年の私がおろおろしながらやっているのが面白いのか、ベテラン記者たちはわざとからかうのだ。記事を書き間違えたりすると、デスクなど、私を呼んでわざと編集局中に聞こえるような大声で叱った。

アフガニスタンへ

芸能記者になって四年経ったころ、また異変が起こった。新しい編集局長に突然、「アフガニスタンに行ってくれ」と命令されたのだ。

二〇〇一年九月十一日、ニューヨークの世界貿易センタービルなどがイスラム過激派によって破壊された。いわゆるアメリカ同時多発テロ事件である。その報復として、米国がアフガンの空爆を始めた。日本のジャーナリストもアフガンに注目し始めていた。しかし、アフガンへの入国は困難を極めた。ビザが取れないのである。日本を含め、世界のジャーナリストたちは隣国のパキスタンなどに集まり始めていた。

私は、ニューヨークの惨劇を、自宅で風呂上がりにテレビで見ていた。大変なことになったとは思ったが、芸能記者をやっている自分には関係ないと思っていた。カメラマン時代は、世界の大きなニュースは、たいてい自分に振りかかってきたが、今は立場が違う。

それまで海外で活躍していたのは自分がベテランカメラマンだったからであって、記者としては駆け出し。自分に出る幕はないのだ。基本的に、記者に転向した時点で、もう海外取材はないと覚悟していた。だから、ルワンダでリスクの高い取材をした。あれは、最後の全力疾走のつもりだった。

実際、人事担当の局デスクから、「吉岡君は、ずっと芸能記者でいてくれ。そこで骨を埋めてくれ」とも言われていた。だから、まさか自分がアフガンに行くなんて想像もしていなかった。

新編集局長が私をオーダーした理由はわからないが、思い当たることはあった。それまでのアフガン空爆の記事を読むと、東京新聞は二度も〝特落ち〟をしていた。特落ちとは、特ダネの反対で、自分の社だけ大事なニュースが書かれていないことを指す。そのことで、新編集局長は名古屋本社に呼び出され、お叱りを受けたとの噂があった。だから、順当なオーダーではなく、突拍子もない私を思い出したのであろうと推測した。私なら、入りにくいアフガンに突入するのではないかと。

国際紛争より内戦のほうが危険

私は新編集局長の期待に応えるべく、アフガンに入った。芸能記者が入ったのは、世界でもおそらく私だけだろう。アフガンの話をする前に書いておきたいことがある。

これまで書いてきたカンボジアやルワンダは、かなり危険な現場であったが、反対にそれほど危なくない戦争取材もある。アフガン戦争とイラク戦争である。

戦争取材には危険な戦争とそうでない戦争がある。一般的に国と国の間の戦争は、比較的安全だ。最前線が明確に分かれているので、最前線に行かない限り大丈夫なのだ。戦争の状況をつかむためには、司令部にいれば情報はつかめる。司令部は、たいてい安全なところに設置するので危険ではない。アフガンの場合、米国が主導する有志連合と現地の北部同盟が、タリバンを相手に戦っていたのだが、有志連合側かタリバン側か、どちらかにいればほぼ安全である。特に強い有志連合側にいれば、なお安全というわけだ。

イラク戦争の場合はどうか。米軍とイラク軍がはっきりと分かれているので、それもどちらかに入り込んでいればまず大丈夫と思われるが、両軍の力の差がありすぎるので、イラク軍側から取材するのはかなり危険と思われた。反対に、米軍側に入れば怖い物なしだ。

当時、米軍側が記者たちの従軍取材を受け入れ、日本のテレビ局のリポーターらが軍服を着て、いかにも最前線を取材しているといったようにリポートしていたが、あれは見せかけだけで、実際には、そんなに危険ではない。そもそもテレビ局が、本当に危ないところに社員を出すわけがない。

米軍空母に乗って、トマホークが発射されるシーンや、ジェット戦闘機が飛び立つところをリポートするのは最も安全。なぜなら、イラクは潜水艦や軍艦を持っていないので、攻撃されない。そんな遠くまで届く大砲もミサイルも持っていない。航空機も旧型のものが少しあるだけで、米軍の最新鋭の戦闘機に太刀打ちできない。つまり、まったく攻撃を受けない安全な空母なのだ。

バグダッドは、いずれ米軍が侵攻してくるから危険だといわれていたが、報道陣は、そうでもない。世界中から集まった二百人ほどのジャーナリストは、街の中心にあるアル・ラシッド・ホテルに泊まっていた。ここにいればまず安全。両軍ともに、世界中のジャーナリストが集まっているホテルは狙わないものだ。そんなことをしたら非難囂々《ごうごう》になるからだ。

一度だけ、米軍の戦車がホテルをめがけて撃ったことがあった。からかったのか、間違えて撃ったのかは不明だったが、スペインの記者の泊まっている部屋に命中し、彼は亡くなった。この時だけは危険だった。

その時、私は東京にいたのだが、バグダッドにどうしても入りたかった。会社に「行かせてほしい」と進言したが、許可がおりなかった。私から見れば、バグダッドは安全に見えた。私が体験したルワンダ内戦の取材では、死ぬか生きるかは五分五分に近い。沖縄戦では、沖縄の住民の四分の一が殺された。その確率は三割。それに比べて、バグダッドは、二百分の一だから、戦場ジャーナリストの目線から見れば、交通事故のような確率だ。

そんなわけで、戦争取材でもかなり安全な取材はある。

国同士の戦争よりも、むしろ内戦のほうが危険だ。陣地がはっきり分かれていないし、一国の中での戦いなので、敵味方の距離が近いからだ。その位置関係は、時々入り組んだり、交わったりするので危ない。ユーゴスラビア紛争やシリアを想像してみてほしい。

ユーゴスラビアの内戦は、同じ街の中に、イスラム教徒の地区とキリスト教徒の地区が入り組んでいた。そんな状況下では、どこから弾が飛んでくるかわからない。

シリアの場合も、政府軍と自由シリア軍などの反政府ゲリラとイスラム国（ＩＳ）、それにクルド軍が絶えず移動し、パズルのように陣地が絡みあっている。だから、日本人ジャーナリストも殺されたり、人質として捕らえられたりした。

カンボジアで犠牲になった国連ボランティアの中田厚仁さん（前述）、高田晴行警部補（同）が殺害されたのも、内戦の影響だ。私がカンボジアのポル・ポト兵の陣地に潜入したのも、今思えば、かなりリスキーだったと思う。

きわめて平和なカブール取材

私はアフガンに入ろうと、世界中のジャーナリストが集結しているパキスタンに向かった。パキスタンで約一週間、アフガンに入る方法を模索したが、無理だと判断した。次にアフガンの北にあるタジキスタンに向かった。タジキスタンからは時々だが、空軍の飛行機がアフガンへ飛んでいるという噂を聞いたからだ。運がよければ、それに乗れるかもしれない。

遠回りだが、トルコ経由でタジキスタンに向かった。タジキスタンの首都ドゥシャンベには、私と同じように考えたジャーナリストが百人ほどいた。期待していた飛行機は、いつ出るかまったく見通しが立たないようだった。

ジャーナリストたちは、タジキスタンの空軍ヘリをチャーターしようと皆でコンソーシアム（組合）を結成し、タジキスタン外務省と交渉していた。私も登録した。ヘリは飛行を開始したが、毎日ではなかった。大分遅れると思ったが、待つしかなかった。

そんな時、一つの事件が起こった。朝日新聞が賄賂を使って先のヘリコプターに乗ったというのだ。それを知った外務省は激怒して、「もうヘリは飛ばさない」といい始めた。

その問題は、コンソーシアムが外務省に謝って事なきを得たが、私の順番は一週間後だった。しかし、なぜだかわからないが（運賃の問題だったのではないか。片道十万円以上はかかった）、キャンセルが続出し、私は二日後にカブールに入った。

私がアフガンに入ったのは、カブール空爆が終わって一週間後。到着したのは北部同盟の基地で、そこからカブールまでは道が悪かったり、地雷が埋まっていたりと、多少の危険はあったが、カブールに入ってしまうときわめて平和だった。ホテルは営業していたし、街の市場も賑わっていた。銃声も聞こえない。ただ、ホテルのシャワーは冷たく、ちょぼちょぼと出るだけだった。私は、到着した日だけは、無理やりシャワーを浴びたが、風邪をひきそうになった。十一月のカブールはストーブが必要なくらい寒く、それ以後はとてもシャワーを浴びる気がしなかった。

カブールの銭湯

ホテルに到着してから四日目。私はいつものように、ホテルのミーティングルームで、今朝取材したばかりの原稿を、パソコンに向かって書いていた。そばには、通訳のバーバが座って、仕事が終わるのを待っている。ラマダン（イスラム教徒が断食を行う月）なので、彼は昼飯を食べていない。そのせいで力が出ないらしく、静かだ。ラマダン中は、夜明けから日没まで何も口にできない。

シャワーを浴びていない私は、体が気持ち悪く、落ち着かない。今日こそは何とかしなければならないと思い、バーバに尋ねた。

「どうしたらいいと思う？　もう三日も体を洗っていないんだ。お湯を沸かしてくれないか？」

「パブリックバス（銭湯）に行けばいいじゃないか」

バーバは簡単に答えた。瞬時には理解できなかった。

「パブリックバス？　そんなものがこの国にあるのか？」

「もちろんあるさ。私も今朝行ったばかりだ」という。

バーバは、はっきりと答えた。私は、もう一度聞き直した。

「そんなバカな。戦争をやっているというのに、街は破壊され、難民が何百人も出ているというのに、パブリックバスだって？　外国から来たジャーナリストたちが、現にみんな苦労しているじゃないか」

バーバは、私の疑念をきっぱりと否定し、「パブリックバスはある」と主張した。

こうなったら確かめるしかない。原稿を書き終え、さっそく案内してもらった。

驚いたことに、銭湯は街のど真ん中にあった。大きなロータリー式交差点の前である。しかし、外国人が見たのでは、そこが銭湯であるとは気づかない。表からは散髪屋にしか見えない。店の前にはバスタオルが何枚も干され、それらしい雰囲気だが、それとて、散髪屋で使うタオルだと思ってしまう。

入口のガラス窓には、ペンキで大きなパシュトー語が書かれている。バーバに訊くと「散髪」「風呂」の意味だという。

中に入ると、鏡が二つあるだけの小さな床屋だが、人があふれている。真ん中に薪ストーブ。鏡の端は斜めに割れ、その上には椰子《やし》の木と海が描かれた、東南アジア風の安っぽいペンキ絵。横にコーランの一節を書いた額縁。薄汚れたインテリアだが、散髪屋としての万国共通のムードはある。待っている人や、用もないのに入ってくる子どもたちでごったがえしている。

バーバに訊いた。

「風呂は?」

「奥だよ」

床屋の一番奥まったところにガラスドアがあり、そこから、バスタオルを肩にかけた男が次々と出てくる。頭には水分をたくわえ、顔がほてってサッパリとした表情をしている。なるほど、こういう仕組みか。この国では、散髪と風呂がセットになっているのだ。散髪をしたあと、髭を整えてもらう。あるいは、髭を整えたあと、風呂を浴びる。どちらにしても合理的だ。私も風呂に入った。

風呂といっても、基本的にシャワーだ。まあ、そんなものだろう。シャワーでも、温かければ十分だ。

カメラバッグをバーバに持たせ、シャワールームに入る。バケツと、座るためか立つためかよくわからない、台のような平たい椅子が置いてある。服を置く台が上方にちゃんとある。裸になり、お湯を浴びる。シャー……温かいを通り越し、熱いお湯が飛び出した。

「ヒャー、嬉しい」

思わず、日本語で叫ぶ。こんなにたっぷりと贅沢にお湯が使えるなんて夢のようだ。感激のあまり、二度も体を洗ってしまった。すっかり体が温まり、上着が着られないほどだった。

ローマ時代にタイムスリップ

翌々日、今度は運転手が、シャワーではない、本当の銭湯があることを教えてくれた。

アフガン人には朝風呂が普通で、早朝五時には銭湯が開き、仕事前にひと風呂浴びるという。私は、とてもそんなに早くは起きられないので、午前八時を目標に向かった。

街の中心から、車で北西に約十五分。静かな住宅街に銭湯はあった。外見は、普通の泥壁家と同じで、まったく大衆浴場らしくない。そばにシャンプーや石けんを並べた小さな店があるので、かろうじて、それとわかる。

汚れた麻布でできた「のれん」をくぐると、薄暗い部屋に入る。右手にすぐ番台があり、男が座っている。自転車で来る人も多いらしく、そばに十台ほど並んでいる。

番台の男は、異邦人の来訪に驚きを隠せない。名は、マハムド・フセイン。十九歳だという。入浴料は七千アフガニー（約二十八円）、シャンプー代が二千アフガニー（約八円）。二千アフガニーはリンゴ一つが買える値段だから、こちらの人にとっては、少し贅沢品だ。「シャンプーは日本製だぞ」と、マハムドは自慢気に言う。見ると、本当に日本製らしく、「エメロン」と書いてある。

奥に土壁のだだっ広い部屋があった。そこで男たちが服を着替えている。昔の日本の銭湯ではよく見られたらしい、いわゆる「三助」が、醤油で煮染めたような布を持ってきてくれた。それを腰に巻き、通訳にカメラバッグの見張りを頼み、いよいよ銭湯に入る。

ドアを開けると、プーンと湿った臭いが漂い、薄暗い大部屋が広がっている。

空爆の最中にも開いていたカブールの大衆浴場

天井に開いた四角い窓から光が差し込んでいる。小学校の教室ぐらいはありそうな暗い部屋は、その採光のおかげで、ぼんやりとだが、四隅まで見渡せる。

そこには、まるでローマ時代にタイムスリップでもしたかのような光景が広がっている。男たちが十数人、腰に古ぼけた布を一枚ペロリと巻いただけの裸姿で、ある者は座って体を洗い、ある者は寝転がり、またある者は立ったままで、頭から湯をぶっかけている。湯気が所々から立ち上っている。スチーム状態で、寒くはない。話し声や洗う音、水の流れる音など、風呂屋特有の柔らかく反響した音がする。外国人がこんなところにいるのは珍しいらしく、みんなジロジロとこちらを見ている。

湯船はない。隅っこに一立方メートルほどの水槽が二つあり、一つは水で、一つはお湯。ブリキでできた直径十センチ、高さ二十センチほどの小さな桶で、両方を混ぜながら、自分の好きな湯加減にして浴びる。

トルコの風呂と似ている。私も周囲に教えてもらいながら、桶でお湯を汲み、体にかけた。コンクリートの床に座り、腰巻きを濡らしたまま、石けんをつけて洗う。そばにいた孫悟空のような顔をした三助に頼むと、目の粗い布で、腕や背中の垢《あか》をゴシゴシと落としてくれる。痛くもなく、かといって優しくもない。気持ちいい。最後にザブンとお湯をかけて終了。

風呂屋の主人は、「この風呂屋は空爆の間も、タリバン政権の間もずっと開いていた。人々もまったく普段と変わらず入浴にきていた。女性用の風呂だって同じさ」という。私は不思議に思い、市場も回った。市場も空爆の間ずっと開いていたという。

事実と報道との乖離

私は、アフガンを間違って理解していたと思った。これまで報道されていたカブールのイメージと、実際のカブールはあまりに異なっている。

何が違うのか。それは、アメリカの空爆の際の誤爆は、きわめて少ないということ。日本にいる時に報道から受けた印象は、誤爆が多く、アフガンの人はそれを恐れて逃げ出しているというものだった。そして、彼らが難民となっているのだと理解していた。ところが、実際には、誤爆の被害を受けたカブールの市民はほとんどいない。

私自身も取材しようと探したが、見つからない。カブール陥落時からいる、あるフリージャーナリストは、

「僕が見たのは二軒だけ。うち一軒は、家族が引っ越したので、話は聞けませんでした」

という。

これは一体どういうことなのか。この百万都市に数えるほどしか誤爆を受けた民間人はいないのか。もちろん、誤爆はあってはいけないし、一人の犠牲者も出してはならないことは大前提だが、それほどアメリカの空爆は正確だったのか。

「なぜ、空爆の間も店を開けていたのか」という質問には、

「どうせ軍事施設と役所しか狙ってないもの」という答えが返ってきた。つまり、逃げる必要はなかったということだ。実際、被害状況を取材するのに街を回ったとき、空爆の着弾地点と地点の間は車で十分から二十分も走らないと到着しない。その途中はぎっしりと民家で埋まっているのに、被害を受けた様子はないのだった。

もちろん、空爆による直接被害を受けた人はいる。私自身は、誤爆により破壊された家は見つけられなかったが、パキスタンで被害者から話を聞いたことはある。確かにゼロではない。しかしそれは、想像していた状況とはまったく異なっている。

先のジャーナリストは、カブール陥落直後に入ってきたとき、「兵士の遺体は少しあったけど、一般市民の犠牲者は見かけなかった。一般の人たちは淡々と日常の生活を送っていて、そこに北部同盟の戦車が静かに入ってきた。驚いたのは、そんな日に結婚式をやっている人がいたことだ」という。

カブールの銭湯も市場も普通に開いていたことはニュースだと思い、私は「カブールでいい湯だな」という記事を書いた。東京本社のデスクは、あまりいい顔をしなかった。小さな記事にはしてくれたが、私の満足のいくものではなかった。戦争といえば悲惨さに特化して記事にし、日常など伝えないメディアを実感した。

帰国後、私は一か月間、カブールで誤爆の被害を取材していたジャーナリストに、どれほどの家族が誤爆に見舞われたのか尋ねてみた。彼は「十五軒見つけました」と話した。アフガンの一軒の平均家族数は八人である。八人×十五軒で、総計百二十人ということになる。百万人都市だから、およそ一万分の一である。沖縄戦では、住民の四分の一が犠牲となり、東京大空襲では、一晩で十万人がなくなったといわれる。そういう戦争とアフガンは桁違いだとわかった。

そういうことを講演や大学の講義で話すと、けっこう反感をかう。「数の問題ではない」というのだ。もちろん、被害者にとっては数の問題ではない。一人でも被害者が出ることはいいことではない。それを理解した上で、私は書いたり話したりしている。感情も大事だが、事実情報も大事だと思っている。戦争がどんなふうに変化しているのか、はたまた、アフガンの戦争は、どんな戦争だったのかを知っておく必要があると思う。

「戦争は悲惨である」「二度と戦争は起こさないように」などとメッセージをいえば、丸くおさまり、私も〝正義のジャーナリスト〟として居心地のいいポジションにいられるのかもしれないが、それでは、事実がどこかにいってしまう。

もし今、日本に戦争が起これば、おそらく日本はパニックに陥《おちい》る。それは、戦争を全部一緒くたにしてしまって、どんな戦争か理解しようとしないからだ。冷静な判断がないと対処しきれない。

オウム真理教による地下鉄サリン事件が起こったとき、海外メディアは「崩れた日本の安全神話」という見出しで世界に伝えた。ところが、われわれ日本人は、翌日も通常と同じように、地下鉄を使って通勤していた。安全神話は崩れてなどいなかった。

メディアの伝え方とはそういうものだ。事件の十分の一、百分の一だけを取り上げて、「大変だ、大変だ」とあおっている。そこだけ見せられる視聴者や読者は、まるで全体がそうなのだと思って、パニックに陥ってしまう。残り十分の九も知らせないと、事実はわからない。

テーマがずれてしまったが、私が言いたいのは、戦争取材といっても、そんなに危険な取材ばかりではないということ。安全だったら「安全」と事実を報道しようという提案をしたいのだ。戦争だからといって、無理やり悲惨さや激しさを強調することもない。ドラマを伝えることよりも事実を伝えることのほうが大事だと私は思っている。

アフガンで映画制作

私はアフガン取材をしながらドキュメンタリー映画を制作した。制作しようと思って撮ったのではない。アフガンに行く前、私はたまたま近所の家電売り場で家庭用のデジタルビデオカメラを見つけた。八万円の値がついていた。現在は二、三万円ぐらいで買えるだろうが、当時としては安いと思った。フィルムカメラであれば、何十万とするし、フィルム代だってかかる。デジタルだから安い。隣にいた妻が、「フミが来年小学校に入るから、買っとく?」と提案した。たしかに、入学式や運動会などで娘を記録するのに忙しくなりそうだ。私は買うことにした。

その後、私はビデオカメラのことを忘れていたのだが、アフガン行きの準備をしているとき、妻が「これは持っていかないの?」とビデオカメラを差し出した。記録用に便利だと思ったらしい。

ビデオカメラを取材に持参するなど考えたこともなかったが、持ってみると掌にのるほど小さい。これくらいだったら荷物にならないか、と気軽にスーツケースの中に放り込んだ。ところが、これが私の人生を変えたのである。

パキスタンに入ったものの、暇で暇でしょうがなかった。アフガニスタン大使館に行って、ビザ申請をしたら、あとはやることがないのである。ビザなんか念のために申請するだけで下りるわけはないのである。私は暇に任せてビデオカメラで遊び始めた。意外に簡単に撮れる。記念にと思い、いろいろなものを撮り始める。周囲にいる新聞記者やカメラマンにも面白がってレンズを向ける。その時に思った。

——こいつら、本当にアフガンに入るつもりなのかな。命は惜しくないのか？　家族は賛成したのか、どういう心境なのか？

さまざまな疑問が浮かんだとき、どうせ撮るなら、テーマを決めて撮ろう。それが「なぜ、記者は戦場に行くのか」だった。しかし、映画にするつもりはなかった。これから自分がどう動くか、アフガンに入れるかどうかもわからないのだから、ただダラダラと暇に任せて撮るだけだった。

私はその半年前に、友人が講師を務める日本映画学校で一時間だけ戦争について講演をしたことがあった。だから、戦場の現場を映像で見せれば、学生たちの勉強になるのではないかとも考えた。せいぜい、その程度にしか考えていなかった。

日本人で最初のカンダハル入り

そのうち、私はタジキスタン経由でアフガンに入ってしまう。会社の中では一番乗りだったので、大々的に紙面化された。そうすると、今度は外報部長から連絡があり、

「吉岡君、カブール、ご苦労さんだったね。今度はカンダハルを狙ってくれないか」

という。カンダハルは、同じアフガンの都市だが、タリバンの本拠地で、カブールの次にカンダハルが陥落すれば、戦争が終わると予想されていた。しかし、当時カンダハルは陥落したかどうかはっきりしない。まだ戦争状態にあった。私は、

「僕の出張は芸能部長から『一か月』といわれているんですが、大丈夫ですか？」

「ああ、大丈夫だ。延長のことは芸能部長に伝えておくから」という。

私はパキスタンに戻り、南方の都市クエッタに入った。カンダハルは、ここからが一番近いのだ。しかし、ここでもビザが取れるかどうかが一番の問題となっていた。一週間ほど抜け道はないかと探ったが、無理だった。私は本社に、

「カンダハルは無理ですね。ビザがとても下りません。それに、途中山賊や強盗がたくさんいるので危険ですね。そろそろ帰国します」

と連絡した。そして翌日、土産話にと思って、国境まで遊びに行った。砂漠の真ん中にわずかな柵があり、税関と思われる小さな検問所がある。

私が眺めていると、私の車の運転手が突然検問所のほうに歩きだした。検問所の前に立っている人物も反応している。二人はやがて抱き合って挨拶を始めた。どうも知り合いのようだ。私は戻ってきた運転手に聞いた。

「誰だ。今挨拶した人は、知り合いか?」

「ああ、親戚だ。ここで働いていることは知らなかったが、会えてよかったよ」

という。私は妙案を思いついた。財布から百ドルとパスポートを取り出し運転手に握らせて言った。

「これを親戚に渡せ。それでアフガンへの入国ビザをもらえるようにしろ。ダメだったら、ダメでいいから。ともかくやってみろ」

運転手は、すぐに行動に移した。検問所から戻ってきたら、パスポートにビザスタンプが押されていた。

期限は三日間だけだった。三日間だけでも素晴らしい。普通は入れないのだから。私自身もスーツケースなどの荷物はホテルに置いたままで、カメラ機材と電送機しか持っていなかった。三日間なら、これでなんとかなるだろう。

カンダハルまでは車で六時間ほど。問題は途中に山賊が横行していたり地雷が埋められたりしていることだった。物盗《ものと》りが目的だが、そのために殺害される事件もよく起こっていた。特に四輪駆動車などに乗っている外国人ジャーナリストは金を持っているからターゲットだ。

私は一計を案じ、国境まで乗ってきた四輪駆動車にクエッタまで帰るように指示し、私とガイド二人は税関を通過し、アフガン側で待機しているタクシーで行くことにした。地元のタクシーなら怪しまれないし、地雷のない道を知っているからだ。

カンダハルに到着したのは、真っ暗になってからだった。日本人としては最初の潜入だった。途中山賊による〝検問〟はあったが、地元タクシーなのでお咎めなしだった。私も肌の色が見えないように身をかがめて通った。被害といえば、椅子の下に隠しておいたカメラが一台壊れてしまったことぐらいか。カメラをたくさん持っていると怪しまれるので、椅子の下に隠しておいたのだが、道が悪くてジャンプするたびに衝撃を受けてしまったのだ。

戦場より怖い夜中のトイレ

カンダハルにホテルは残っていないようだった。

「どんなに高くても、安くても、ボロでもいいから探し出せ」

私はガイド、通訳に命令した。やっと見つけてきたのが、四人部屋だった。毛布もおそろしく汚れている。壁ははげ落ちている。私は一人部屋でないと眠れないたちだが、皆と同室にするしかなかった。その夜、危険だったが、皆を連れて町に出た。夕食もとらないといけないからだ。私は写真を数枚撮り、二、三人に話を聞き、「カンダハル入り」の原稿を書き、衛星電話（インマルサット）で送った。

「こちら、カンダハルの吉岡です」と外報部に電話すると、「ええっ、大丈夫？　入れたの？」

とかなり驚いた様子だった。私は危険なところに入るとき、会社にはいつも相談せず黙って行く。相談すれば管理責任を問われるので「入るな」というに決まっている。しかし、入ってしまえば結果オーライで何も言われないのである。

カンダハルは、カブールと違って異様な雰囲気だった。まず一人では歩けない。一人どころか、武器を持ったガードマンなしでは外出できない。まずやらなければならないことは、地元を取りしきっている代表（日本でいえばヤクザの親分）のところに挨拶に行って、ガードマンを二人ほど出してもらう。どこに行くにもガードマンと一緒だ。こちらは、通訳二人と運転手、地元のガイドと総勢七人で動いていることになる。大名行列のようで、取材していてもすぐに人だかりができてしまう。それでも必死で目いっぱい取材して回る。それを夜に原稿にして、インマルサットで送信する。

ところが、夜は停電が起きやすい。電気が復活するのを待っていると、一晩中起きていることになる。銃撃戦の音が聞こえてくる。カンダハルはまだ戦闘中なのだと実感する。

カンダハル。取材していると人だかりができる

夜中に便意を催すと、戦場よりも怖いことが起こる。停電の真っ暗な中トイレを探すと、トイレ中に大便が散乱し歩く場所もないのだ。明かりがないので、つい踏んで滑りそうになる。それでもどこかに座って用を足さねばならない。キーホルダーに付いた小さなライトの光で周囲を見回すと大便の山である。吐き気との闘いだ。

私は二泊三日、一睡もせずに

仕事をした。ビザが三日間しかないので寝ずにやるしかなかった。最後の日はフラフラだった。

国境にたどり着いたとき、そばに難民キャンプが広がっているのが目に入った。難民キャンプを撮影しようと近づいたら、難民たち二、三十人ほどが寄ってきた。最初は遠巻きに見ていたが、あっという間に私を取り囲んだ。もみくちゃになった。

やばいと思って追い払ったが、遅かった。バッグの中に入れていたデジタルカメラが一台盗まれていた。難民たちの作戦だったのだ。国境警備の警察がたくさんいるのに、なんてことだ。彼らはわかっていて放置している。カンダハルで懸命に撮影した写真データのカードも一緒に盗まれたのである。悔しくて、悔しくて涙が出た。

「できちゃった映画」

カンダハル取材では災難もあったが、新聞の取材は上出来であった。アフガンで撮影していたデジタル画像（動画）はどうなったか。カンダハルに行く道の途中で「カメラを壊した」と書いたが、それはビデオカメラだった。壊れるまでの経過は、すべて動画として残っていた。帰国後、それを軽く編集し、日本映画学校で講師を務める友人のところへ持っていった。その動画を見て友人は言った。

「これは授業で使うより、映画館で上映したほうが面白いんじゃないか」

「劇場公開なんて無理だろう」

「そんなことないよ。じゃあ、持っていこう」

二人はすぐに東京・中野にあった「BOX東中野」という単館映画館に向かった。支配人に見せると面白がり、

「いいね。公開は今年の春がいいね。あと二か月はあるから、その間に編集を終わらせておいてね」と上映があっという間に決まった。タイトルは『アフガン戦場の旅』（九十分）。私としては映画を作ったというよりも「できちゃった映画」という感じだった。

映画の評判も興行も上々だった。「戦場取材の舞台裏を撮った映画」「こんなに戦場の記者の生の姿を撮った映画はかつてなかった」というのが大方の見方だった。東京だけではもったいないというので、名古屋、大阪、沖縄の映画館も上映してくれた。

映画を見たある出版社の編集者が、「この映画を本にしませんか」と提案してくれた。それは『なぜ記者は戦場に行くのか』という本になった。映画公開後、社内で一度だけ問題になった。部長会で、「新聞記者が、映画を制作するなんておかしな話ではないか。記者ならペン一本で勝負すべきではないか」という意見が出たらしい。ところが、編集局長は、「まったく問題ではない」と一笑に付した。

イラクでも映画を撮る

その年の暮れ、イラクで異変が起こった。米国のブッシュ大統領（ジュニア）が、「イラクは悪の枢軸」「大量破壊兵器を作っている」と糾弾を始めた。「国連監視団による査察を認めないと、攻撃をする」と宣戦布告を予告し始めた。

そんなニュースを受け、私は社会部で、東京に住むイスラム教徒らを取材することにした。そこで出会ったのが、イスラム教徒のジャミーラ高橋という名の女性。私は彼女と連絡を取り、池袋の旅行代理店で会った。彼女は「イラクに行く準備中」だという。

私は尋ねた。

「イラクに入れるんですか。ビザを取得するのは大変だと聞いていますが」

「そんなこともないです。私が頼めば入れます。来週、私はツアーを組んで行きますが、よかったら一緒に行きますか？」と反対に尋ねられた。

「ええっ、そんなことできるんですか？」

「はい、でも、今すぐ返事をいただかないと、この旅行代理店で準備をしているところですから」

私はこの申し出に困惑した。イラクは、よほどのルートがないとビザが取れない。しかし、今私が「一緒に行く」といえば、それが可能なのだ。旅行期間は一週間。しかし、今日の今日で、会社がOKするわけがない。しかし、ビッグチャンスだ。イラクを現地取材できれば、会社にとっても悪い話ではない。

私は決めた。行くことにした。会社が「ノー」と言ったとしても、休暇を取っていけばいいのだ。私には労働者として休暇を取る権利があるのだ。

私は、会社に帰るなり、上司と編集局長にイラク行きを伝えた。二人とも困惑していたが、私の「休みを取ってでも行く」という姿勢を拒否することはできなかった。

編集局長は、「一晩考えさせてくれ」と言った。翌朝、

「吉岡君、休暇を取って行くのではなく、会社の出張として行ってくれ」

との返事だった。私としては願ってもない回答だった。自腹で行くわけでもなく、堂々と行けるのだ。局長としては、下手に休暇で行って、トラブルでも起こったときには中途半端な対応になる。それぐらいなら、きちっとした体制で行かせたほうがいいという熟慮の結果のような気がした。ありがたいことである。

そんなわけで私はイラク取材に行くのだが、イラクにもビデオカメラを持参した。今回も映画を作ろうという目的ではない。私は、アフガンでビデオを回しながらある事実に気がついた。それは、動画の情報量の多さだ。言葉や映像だけでなく空気感まで映し込んで

いるという事実である。一年後、数年後に映像を再生した時でも、その場の臨場感まで伝わるのだ。ほとんどテープレコーダー代わりである。日本で記者たちがインタビューでレコーダーを使っているのと同じ感覚だ。

しかし、私は今回も映像を編集して映画館「BOX東中野」の支配人に見せた。支配人はまた「ぜひ、上映しましょう」と言ってくれた。タイトルは『笑うイラク魂』。イラク戦争直前の映像である。公開は、それから数か月後だったが、ちょうどイラク戦争の始まったタイミングだったので、ワイドショーがこぞってとり上げてくれ、興行は成功だった。おまけに「レンタルビデオ店に並べたいから、ビデオ化したい」と申し出てくれた会社があった。私は、「それまで撮った『アフガン戦場の旅』『祈りのニューヨーク』（9・11の一周年記念日をスケッチした作品）も一緒にビデオ化してくれるなら」という条件でOKした。

イラクへの家族旅行

イラク戦争開始直前には取材したが、戦争の真っ最中には行けなかった。それは後述するように、会社が戦争中は誰も記者を派遣しなかったからだ。悔しいので、自腹でもいいから戦後のイラクを訪ねようと思っていた。どんな戦争だったか知りたかったからだ。

すると、妻が「ちょうど夏休みに入るから、みんなで行こうか」と言い出した。妻は元カメラマンだからいいとしても、娘は普通の小学校二年生。いくらなんでも家族旅行で行くところではないだろう。

私は、イラクの現状を調べた。すでに入っているジャーナリストたちにも状況を聞いた。すると、電気はあるし、車も普通に通れる。食べ物も十分にあり、銃撃戦は起こっていない、危険はほとんどないということだった。何よりも、ビザが簡単に取れるのが嬉しかった。だが、当時の新聞には「イラクは、いまだ戦争状態」という見出しが躍っていた。

それは、米兵が時々、前政権の残党に狙い撃ちされて殺されていたからだ。一日一人ぐらいは死んでいたと思う。しかし、バグダッドは東京二十三区ほどの広さがある。われわれ戦場ジャーナリストの視点から見ると、そこで一日一人ぐらいやられたところで、その現場に遭遇するのは、万分の一の確率だ。それに、米兵は市内のメインストリートをパトロールしている。あれでは撃たれて当然だ。前政権の残党からすれば、簡単に狙い撃ちできる。要は、米兵に近づきさえしなければ、安全なのである。実際、米兵以外の外国人は殺されていなかった。

しかし日本の人々は、あくまでもイラクは危険だと思っているし、いまだ戦争中なのだと思っていた。私から見れば、家族旅行できるほど安全だと判断できた。アフガンでのカ

家族でイラク旅行。小学２年の娘にとっては初の外国だった

ブール取材と同じように、ここでも、報道と現実とのギャップを強く感じた。それならそれで、「イラクは安全」という事実を、家族旅行を通して証明するのも悪くないと思い、決行することにした。

出発したのは、夏休みに入った七月下旬。八月上旬までの十九日間の日程だった。ドバイ経由でヨルダンのアンマンまで行き、そこから車をチャーターしてバグダッドに入る。その車に乗っている時間が十時間を超える。バグダッドから南のバスラまでも十時間近くかかる。それでも七歳の娘は平気だった。車の中ではほとんど眠っていた。

娘は、暑さにも、言葉が通じない苦痛にもよく耐えた。最も厳しかったのは、食べ物。子どもからすれば、イラクは宇宙に行くようなもの。どうせイラクの飯は食べないだろうと思い、日本のレトルト食品をたくさん持っていった。ところが、バグダッドの孤児院へ連れて行ったとき、そこに住む子どもたちと仲良くなり、一緒に現地の料理を食べたのには驚いた。子どもの適応力はすごいと思った。怖さはみじんも感じていないようだった。そして家族旅行は、まったく予定通りのスケジュールで無事終えた。今回も私は映像を撮ることができた。

その模様は、帰国後、ＴＢＳテレビの「ニュース23」で放送される予定だったが、ディレクターが私の撮った映像を見て、怖がって引いてしまった。というのは、街中を米軍の戦車が通り、娘が遊んでいる向こうで銃を撃つ音が聞こえていたからだ。そんな映像を放送したら、視聴者から「危ない」という苦情がくることを恐れてのことだろう。これが、日本人の戦争に対する免疫力のなさなのだろう。少しの危険も許されないのだ。

私はその後、旅の全容を『戦場の夏休み』というドキュメンタリー映画にし、『イラクりょこう日記』という本を書いた。すると、ネット上で「危ない家族だ」「子どもを戦場に連れて行くなんて、ひどい親だ」といった批判が飛んだ。

理解してもらうのは難しい。私は、イラクの安全さを証明しようと思って家族を連れて行ったのに、そのことよりも、あらかじめ持っているイメージを大事にする。一般的な報道に乗った情報しか信じない。まったく私の意図は伝わらないのだ。

それでもやっと、『イラクりょこう日記』は朝日新聞の書評欄に掲載されるところまでいったのだが、ちょうど、日本人の若者三人がイラクで拘束されるという「人質事件」が起こったので、直前になって、朝日新聞からキャンセルの電話が入った。

実際、人質事件と私たちが行った旅とは条件が異なる。人質事件が起きた一番の原因は、自衛隊の派遣だ。イラク人は、きわめて政治的な人たちで、自衛隊が派遣されていなければ、あんなことをしない。だから、人質解放の条件は、「自衛隊の撤退」というものだった。しかし、時の小泉純一郎総理は、自衛隊を撤退させなかった。

私が家族連れで行ったのは、自衛隊が派遣される半年も前。イラクの状況は変化していたのである。しかし、そんな条件の違いは、日本人にとってはどうでもいいこと。事実はどうでもいいのである。

以上のように、イラクは状況によっては安全と危険が動いたし、米兵と日本人では、危険度は大違い。戦争下でも家族旅行できるほどの状況もあるという事実を知ってほしいと思うのである。

第九章

左遷されても大丈夫

犬連れで取材する筆者を海外メディアが取材。和歌山県太地町で

新宮支局への「島流し」

「できちゃった映画」をきっかけに、海外に出たら、まず新聞用に記事を書く。帰国後に映画を制作する。その後、ゆっくりと単行本を書くというスタイルが確立しつつあった。しかし、そんな充実した日々は長くは続かなかった。

定年へのカウントダウンを意識し始めた五十七歳の時、突然和歌山県の新宮市にある支局への転勤命令を受けた。支局長としてだが、支局員は自分ひとり。紛れもなく「島流し」だった。何しろ東京から遠い。陸路で片道十時間近い。会社としても最南端の支局。東京本社から新宮支局に転勤になった例も聞いたことがなかった。

部長から転勤命令を言われたとき、思わず「新宮って、どこにあるんですか?」と聞いてしまった。もちろん、知らなかったからだが、部長も「俺も知らない」と言い、二人して地図で探したぐらいだった。

それまで私が社内で好き勝手にやっていたことが、上層部の「虎の尾」を踏んでしまったのだと思った。もちろん真偽のほどはわからないが、支局に配属されたとき、「島流し」というタイトルの本を出そうと思ったことは覚えている。

具体的な計画も頭をもたげた。黒潮に乗って流され、八丈島に漂着するという様子をルポする。八丈島といえば、江戸時代の島流しの地として有名。到着した私が叫ぶ。「これが本当の島流しだ」。

そんな妄想にとりつかれ、実際に八丈島まで漂流をつきあってくれる漁師を探し回った。漂流でも二泊三日で八丈島に行ける計算なのだ。黒潮が海の高速道路であることを体感したかった。黒潮文化圏とはいうが、実際に新宮と東京の間を流された人は現代ではいない。江戸時代、熊野地方の材木を江戸に運んでいた船が、ときどき嵐に遭い、材木が流された。その材木を拾い集めるために、八丈島に新宮の材木商の支店があったそうだ。それを証明したかった。

結局、八丈島への漂流計画は達成できなかったが、私の新宮生活は予想に反して楽しいものになった。なかでも、面白かったのは、「イルカ戦争」取材だった。

片田舎から世界の太地町に

和歌山県の新宮支局。支局員は私だけ。地方によくある「一人支局」だ。妻には仕事があるので、単身赴任となった。取材のカバー範囲は、新宮市と隣の那智勝浦町、その向こうの太地町が主で、紀伊半島の最南端の串本町まで。しかし、新聞の発行部数は全部で約三百部ときわめて少ない。書けども、書けども、まるで反応がない。こんなに部数が少ない地域に高い経費を払って、なぜ支局を設けるのかもわからなかった。

一つ考えられるのは、重役の一人がこの地域が大好きで、毎年何度となく訪れるので、拠点がほしかったのかもしれない。いかにも地方新聞だ。ニュース的には、台風がよく来るのと、世界遺産である熊野三山があることぐらいだった。実に暇な支局だった。私は、〝日本の最後の秘境〟ともいわれるこの地で、ひっそりと一人定年を寂しく迎えるのだなと覚悟した。

私が赴任したのは八月。翌九月、その田舎町が急に騒がしくなってきた。新宮市から車で約三十分のところにある太地町は世界でも珍しい漁師町で、イルカの追い込み漁をやっていた。

九月からイルカ漁が解禁されるので、世界中から反捕鯨を訴える外国人たちが集まり、静かな町も大変な騒ぎになるのである。イルカは鯨類なので、反捕鯨の人たちからすれば、クジラもイルカも同じなのである。私は当初イルカ漁のことはまったく知らなかったので、他社の記者たちに教えてもらいながら、うろうろするばかりだった。

その年は特に騒ぎが大きくなった。反捕鯨団体の米国人リーダー、リック・オバリーがドキュメンタリー映画『ザ・コーヴ』を制作して、日本での公開が予定されていたからだ。

その上映阻止を訴える右翼団体などが動き出して、警察まで出動する騒ぎになっていた。

その影響は、太地町にとどまらず、東京でも、世界でも話題をまいていた。そして、ことあろうに、翌年の二月に、『ザ・コーヴ』がドキュメンタリー部門でアカデミー賞を取ったのである。

片田舎の太地町が、たちまち世界の太地町になってしまった。私が忙しくなったことはもちろんだが、この映画を見て、実に腹立たしくなった。嘘とトリックばかりで、太地町の漁師への「嫌がらせ」にほかならない構成だったからである。私は次第に、この反捕鯨を主張する外国人たちの鼻を明かしてやりたいと思うようになった。幸い、他社の記者たちは英語を話せなかったので、外国人への取材は私の独壇場になってきた。

おまけに、私は当時、ペットのチワワ風太《ふうた》を「報道犬フータ」と称して取材に同行させていた。反捕鯨の運動家たちは全員動物愛護の精神があるので、犬も大好きなのである。私が犬連れでいると、彼らはすぐに寄ってきて打ち解けた。

犬連れで新聞の取材をする記者など前代未聞だ。しかし、これにはきっかけがあった。単身赴任中の私のもとに、千葉に住む妻と娘がシンガポール旅行中預かってくれと言って風太を連れて来た。風太との二人暮らしを試みたものの、支局に置いて取材にでかけるのも不憫《ふびん》だと思い、ある日同行させてみた。

風太を抱えたままの取材中、面白い現象に気づいた。この地方の人たちは、実におおらかで、犬を連れていると喜ばれるのだ。犬連れ記者など珍しいものだから、私の名前もすぐに覚えられた。また、地元の新聞に「報道犬フータ熊野を取材中」と題して紹介された。すっかり有名人（犬）になってしまった。

話は戻るが、そういうわけで太地町の取材は順調に進んだのである。

ある日、小学館の雑誌「週刊ポスト」の記者が私の支局を訪ねてきた。太地町取材が目的だったが、「住民たちが誰も取材に協力してくれない」と言う。そのころの住民たちは、連日の取材にうんざりしていた。仕方がないので、私が地元事情を教えると、記者はしっかりとメモし、「よくご存じですね。これで記事を書くことができます。ありがとうございました」と言って帰っていった。

イルカ騒動は文化の衝突

帰り際、「誰か知り合いにイルカ漁の本を出したい編集者がいたら紹介してね。書くつもりだから」と頼んでおいた。すると、一週間も経たないうちに、「講談社の編集者が興味を持っているようです」と紹介してくれた。

私は東京でその編集者と会い、話は決まった。条件があった。デンマーク・フェロー諸島の写真とルポを入れてほしいというものだった。フェロー諸島は、太地町と同じような追い込み漁を行っていた。住民は大半が白人。どうして太地町の漁師だけが非難されなければならないのか。本のタイトルも決まった。

「白人はイルカを食べてもOKで日本人はNGの本当の理由」。私は十日間の休暇を取り、フェロー諸島を取材した。もちろん初めて行く国。勝算はなかったが、そんなことは気にしない。ダメでもともと、結果が悪くとも夏休みの旅行だとか、見聞が増したと思えばいいのだ。詳細は、『白人はイルカを食べてもOKで日本人はNGの本当の理由』を読んでいただければありがたいが、フェロー諸島に来て、私の考え方は変わっていった。それは、彼らの反捕鯨団体へのアプローチに、日本との違いを見たからだ。

太地町の漁師たちは反捕鯨の人たちに対しても、メディアに対しても口を閉ざしている。もちろん最初からそうではなかった。最初、彼らはいろいろなメディアに問われるままに答えていた。しかし結果を見れば、メディアに都合のいいところだけを使われることが多かった。あの『ザ・コーヴ』の撮影スタッフにも騙された。そんなこんなで、漁師たちは何もしゃべらなくなった。漁師たちは都会の人間のように、騙し騙される生活をしていない。純朴な人たちが多い。人に頼まれれば嫌とはいえない。なるべく相手の要望に沿うようにしてやりたいと思う。

都会のメディアの連中からすれば、太地町の漁師を言いくるめて取材することは容易な

フェロー諸島の追い込み漁

ことだったに違いない。騙された漁師たちは口を閉ざした。純朴であればあるほど傷は深い。黙っていることが日本の美学にも通じることが、彼らをよけいに黙らせている気がする。「男は黙って」の精神だ。そのことが、反捕鯨の人たちに隙を与えてしまった。彼らから見れば、「なぜ、日本人は漁を隠すのだ」「隠すのは、何か悪いことをしているに違いない」という論法になるのだ。その論法は、フェロー諸島を見ればより鮮明に浮き上がってくる。

フェローの人たちは逃げも隠れもしない。堂々と自分たちを主張している。フェローと太地町を同じように見ている反捕鯨の人たちからすれば、黙っている太地町は卑怯と映ったに違いない。

フェロー諸島には、反捕鯨団体の圧力に対して、はっきりと対抗しようという意志がある。外交では、クジラ資源の保全と利用を目的に、アイスランド、ノルウェー、グリーンランド自治政府と条約を締結し、共同で対抗するようにしている。また、「ゴンドウクジラ協会」を設立、映画（DVD）や写真、本で自分たちの主張をする。私のような取材者が来ると、会長自らが説明してくれる。この積極性はいかにも西洋的で、さすがに自己主張の文化といえる。

それにひきかえ、太地町の対応はいかにも日本的。謙譲の美徳というやつだ。今回のイルカ騒動は食文化の衝突だが、表現についての文化の衝突でもあるのだと思った。

太地町にとって『ザ・コーヴ』は開国を迫る「黒船」だ。グローバルスタンダードに合わせろと迫っている。太地町は開国、攘夷のどちらを選ぶのだろうか。太地町の漁師たちは、世界の潮流に流され、黙って切腹する「ラストサムライ」になるのだろうか。果たして反捕鯨は本当に世界標準だろうか。実は、単にアメリカ標準、あるグループのスタンダードに過ぎないのではないだろうかと思うのである。

この本は重版となり、私は二年間しか和歌山県に駐在しなかったが、イルカ漁の専門家のような扱いを受けた。雑誌やテレビでコメントを求められたり、シンポジウムなどにもよく招かれたりもした。

戦争と反捕鯨運動

反捕鯨団体と、それに対抗する捕鯨やイルカ漁をする漁師たちとの闘いは「イルカ戦争」とか「クジラ戦争」と呼ばれるが、実際、本当の戦争とも関係がある。

そもそもなぜ反捕鯨の運動が生まれたのか。それは第二次世界大戦のときに始まってい る。当時の戦争で特に新しかった武器は潜水艦だった。潜水艦航行で一番問題になるのが、ソナーである。海の中の音を感知するわけだが、その時に雑音として邪魔になったのが、クジラの鳴き声だった。そこで、米国政府は海洋学者たちに多額の補助金を出し、クジラ研究をさせることになった。学者たちもこぞって研究した。当時補助金を目当てに、クジラの研究者が増大したそうだ。その連中の中から出てきたのが「反捕鯨」の運動である。

もうひとつ。第二次世界大戦後、日本は大変な食糧難だった。そこで登場したのが南氷洋(南極海)捕鯨である。日本は、それまで南氷洋での操業は認められていなかった。しかし、あまりの食糧難、たんぱく質不足で、日本政府は米国の進駐軍(GHQ)に操業許可を願い出た。マッカーサーは了承した。そこからの日本の捕鯨の勢いはすごかった。当時、捕獲頭数に制限はなかったので、各国は競争で鯨を捕獲した。その競争は〝捕鯨オリンピック〟とも言われた。

日本には捕鯨の伝統もあるし、勤勉に働いた。捕獲量は毎年のように日本がトップだった。日本の小学校給食でもクジラ料理が出された。南氷洋捕鯨は、日本の救世主となった。ところが、そのうち他の国から「日本は獲り過ぎ」「これでは、鯨が絶滅する」と不満が出てきた。嫉妬もあった。これが現在の反捕鯨運動にもつながっている。

また、ベトナム戦争も関係がある。米軍がベトコンに手を焼き、ベトナム中部の山中で「枯葉剤」を撒いて木々を枯らしてしまったことはよく知られている。当時のニクソン米大統領は、ストックホルムで開かれた国連人間環境会議で「枯葉剤作戦」を非難されると予想した。

そこで目をつけたのが反捕鯨運動だった。当時は、まだその活動は小規模だった。そのころの反捕鯨運動は、米国の食肉業界が日本などに牛肉を売るために始めたといわれている。クジラ肉ではなくビーフを食べろというわけだ。それで、当時まだ小さかったNGOを米政府が支援し、大きな運動へと広げていったというのだ。日本をたたくと米国の政治家たちは選挙で票が取れるという側面もあった。結果、グリーンピースやシーシェパードは巨大な組織となった。

ふたつの大震災

その翌年三月。東日本大震災が起こった。地震の瞬間、私はたまたま東北新幹線に乗っており、深夜まで新幹線の中に閉じ込められた。そのことを講談社の編集者に話すと、「吉岡さんは、ツイてますねえ。では、今度は震災の話を書きませんか」ということになった。

私は、五月の連休を利用して、新宮から東北まで車を飛ばした。岩手県大槌町に私の青年海外協力隊時代の同期の隊員がいて、被災していた。彼のいる避難所を訪ね、そこに二泊させてもらった。その体験は私の心を大きく刺激したし、数年後に制作することになる本格的劇映画の構想にも寄与した。しかし、それだけでは本にならないので、前年（二〇一〇年一月）に大震災に遭遇し、壊滅的打撃を受けていたカリブ海に浮かぶハイチを訪ねた。

ハイチの地震では、死者約二十二万人、被災者約三百七十万人。日本の東日本大震災の死者・行方不明者は約二万人、ピーク時の避難者は四十万人以上といわれているが、そうなるとハイチでは日本の十倍もの被害が出ていることになる。そんなに被害がありながら、日本で報道されたのは当初だけだった。

ハイチへの往路、トランジットでロサンゼルス空港とニューヨークの空港に寄った。両空港では寝袋で一泊ずつした。それは、避難民の気持ちに少しでも近づくためでもあった。

飛行機の上から眺めるカリブ海の島々は美しかったが、空港に降り立つと、湿気を含んだ空気に包まれた。尋常な暑さではない。タクシーで街まで走る。喧騒に包まれた風景。舗装道路はあちこちに穴が開いている。バラックのような家々が並ぶ。震災の影響らしく、ブロック塀が崩れたままの家も見える。ゴミが至るところに捨てられ、回収されないようだ。ゴミには野犬や山羊が群がっている。そのそばを人々が肩をぶつけ合いそうになりながら通り過ぎる。まるでゴミの中で暮らしているようで、この世のものとは思えない風景。とんだところに来てしまったと思った。

検挙率ゼロの国

ハイチは一四九二年、コロンブスによって発見されている。先住民が百万から三百万人いたというが、その後入植したスペイン人によって絶滅させられた。スペイン人たちは金鉱山で彼らを奴隷として使役し、疫病や過酷な労働で死なせてしまったが、西アフリカから新たな奴隷を連れてきて植民地経済を継続。

その後、植民地争奪戦の中でスペインは、フランスの攻撃に対抗できず、一六九七年に同地はフランス領となる。フランスはスペインと同じようにアフリカから黒人を連れてきて、サトウキビとコーヒー豆栽培のプランテーションを始め、巨万の富を得た。

ところが、一七八九年にフランス革命が起こると、その影響を受けた同地の奴隷たちが反乱を企てた。この時は、ナポレオンが派遣した軍によって鎮圧される。その後、再び立ち上がり、英国の支援を受けてフランス軍を駆逐。一八〇四年に独立を宣言し、世界で初の黒人による共和国を誕生させたのであった。

私は、首都ポルトープランスにある日本大使館を訪ねた。何のアポもない飛び込みだ。見知らぬ外国に行ったとき、大使館に駆け込んでレクチャーを受けることは私の習性となっている。これは新聞記者の役得だ。大使館がいちばん信頼できるデータを持っているし、現地にあるので何よりも情報が新しいからだ。

大使館によると、地震の被害が大きかったのは首都と、それを含む西県。この国の九〇パーセントは山。人々は高台と低地に住むが、富裕層は高台に、貧困層は低地に住んでいる。被害は低地のほうが大きかった。理由は震源地に近いことと、耐震性を無視して建てた家が多かったからだ。富裕層の家は、最初から頑丈にできているから被害は少ない。だから、震災後、経済格差はますますひどくなっているという。

特に、ムラートと呼ばれる混血の人たちが裕福だ。この国の経済を牛耳っているのは、

ハイチの被災者キャンプ。向こうに大統領官邸が見える

十数家族のムラート。彼らは、スーパーマーケットやホテルなどを経営し、国連や援助機関が金を落とすので、援助太りしているという。

大使館の警備対策官からも重要な犯罪統計を見せてもらった。同地の犯罪の種類は、誘拐、殺人、私刑、強姦、暴行、家庭内暴力、強盗、窃盗に分かれていた。いちばん目についたのは、総件数が地震の後ではそれ以前の倍以上に増えているということ。二〇〇九年七月に二百八十八件だったのが、二〇一一年は七百六十件となっている。最も多いのが暴行。二〇〇九年には八十八件だったのが、二〇一一年は三百五十八件と急増している。なかでも誘拐は、震災前は一か月に四～七件ぐらいだったのが、震災後は十件を超えるよう

キャンプではケンカが絶えない。ハイチで

になってきている。

「どんな誘拐なんですか?」と聞いてみた。

「身代金目的で、大人でも子どもでも誘拐されます。外国人も誘拐されています。日本では誘拐なんて滅多に起こらないですから、数字でいうと、日本の百倍は起こっています。そのまま殺されているケースもあります」

「じゃあ、僕なんかも一人で動くのは危険ですか?」

「そりゃ、危ないです。実際、二〇一一年二月、日本のNGOの方が、銀行から出てすぐ、肩をピストルで撃たれて百万円近くのお金を盗まれています」

「検挙率はどうなんですか」

「さあ、この国では犯人が捕まったという

話は聞いたことがないですねえ」

私は、少し怖くなった。日本とはまったく異質の世界がここにある。

「この私刑というのは？」

「自分たちで勝手にやってしまうんですよ。この国の司法の能力は低いですから。たとえば、交通事故で人を轢《ひ》いたとき、絶対に車から外に出ないでください。リンチに遭いますから。たとえ運転手が悪いにしても、あなたも一緒にやられます」

街には数え切れないほど被災者の住むテント村があるが、ダウンタウンにある大統領官邸周辺や空港近辺の被災者キャンプを取材した。警備対策官の言っていたように、ケンカやリンチはよく見かけた。

ゴミに群がる人たち

被災者の中で最も悲惨だったのは、首都から北へ車で約一時間走ったところ、ザン・トゥーチと呼ばれる地区にあった。ハイチのスモーキーマウンテンといわれる国連が管轄するゴミ捨て場だ。そこは異様な光景。地面はほぼゴミで埋まっている。遠くにゴミ収集車らしき車が何台かあり、そばに人々の影が見える。ゴミを燃やしているのか、煙も立ち上っている。まさにスモーキーマウンテン。日本でいえば、東京・江東区の夢の島。夢の島と違うのは、一般の人がたくさん住んでいるということ。彼らは、ゴミの中から残飯を探し出して食べ、ペットボトルや金属を集めてはリサイクル業者に売って生活しているのだ。収集車がちょうど到着した。男たちは収集車の上や横にへばりつくように乗っている。いいゴミを早く得たいがために、到着前から群がっているのだ。我先にと人々がゴミをあさり始める。黒いビニール袋に収穫物を入れる。紙、布、缶、ビン……何でもある。中には何の料理か判別できないが、残飯の塊が袋の中からはみ出しているのが見える。それを老婆がどうやって持ち帰ろうかと思案している。

まるで食べ物に群がる虫のようだ。私は近寄ってシャッターを押す。私に気づいた人たちが顔を強《こわ》ばらせ、「撮るな!」と叫ぶ。飛びかかってきそうだ。私はひるんで撮ることができなくなった。

東日本大震災が起こったとき、海外メディアはこぞって日本人の被災者の対応を賞賛した。確かに日本の被災地では略奪や窃盗は少ない。炊き出しなどでも従順に列を作って整然と待っている。それは、私が震災避難所に泊まったときにも、新幹線に閉じ込められて救出されたときにも感じたことだ。ハイチとは大違いだ。ハイチの人たちには、協力し合おう、団結しようという発想がない。弱い人たちへの思いやりがない。富裕層は湯水のようにお金を使うが、貧困層のために使おうという発想はまるでない。貧困層を人間とは見

ゴミをあさるのも競争。ハイチで

ていないようだ。ハイチ人はプライドが高く、妬《ねた》みがひどいため、コミュニティーが形成できない。失業率は七〇パーセントにも達している。

この国は救いようがないように思えた。こうなったら、かつてのインドがそうであったように、仏教なりヒンドゥー教なりの宗教や哲学を生み出すしかないのではないだろうか。そこまでいかなくとも、新しい文学や芸術を生み出すのだ。そんな代償がない限り、この貧困や絶望は報われないような気がした。

無事帰国した私は、その体験談を『東日本大震災に遭って知った、日本人に生まれて良かった』に書いた。

こうして、私は、新宮時代に本を四冊も書くことになり、忙しく過ごしてしまったのである。

マイナス思考でやってきた

新宮支局から東京本社に戻ってきたが、半年もすれば六十歳定年を迎える。退職するか迷ったが、「退職はいつでもできるから」と思いながら、契約で会社に残った。そんなころ、青年海外協力隊のOB・OG会、青年海外協力協会から新しい依頼が来た。三年後に「協力隊五十周年」を迎えるから、記念の映画を作ってほしいというものだった。予算は全部で一億二千万円。ドキュメンタリーではなく、劇映画であった。

劇映画制作の経験がない私は当惑したが、「まあ、何とかなるだろう」と引き受けた。映画の総指揮をとるエグゼクティブ・プロデューサーである。新聞社の仕事も続けていた。三年後にできたのが、『クロスロード』（すずきじゅんいち監督）という映画である。主演は、EXILEの黒木啓司。東映系列全国五十館以上で上映され、約二万人の入場者があった。大成功である。私は、プロデューサー役以外にもスチール写真撮影を担当し、映画をノベライズした同名の小説まで書いてしまった。

私の総決算といえた。それも、ドキュメンタリーやノンフィクションではなく、フィクションなのである。われながら、自分はどこまでやるのだろうと思った。別に何かを目標にして生きてきたわけでもないし、ただ「いきあたりバッチリ」で生きてきただけなのに。人生の不思議さを思うばかりである。

一つだけ思い当たることがある。それは私が「マイナス思考」であることだ。世間では、もっぱらプラス思考がもてはやされているが、私の少年、青年時代を思えば、自分に自信を持てるわけがなかった。協力隊試験に受かるとも思っていなかったし、新聞社に入れるとも、文学賞に選ばれるとも想像していなかった。夢はなかった。あるとすれば、平和で温かい家庭を持ちたいと思っていただけだ。それについては再婚で叶った。

私はいつも諦めていた。自分はダメな人間だから、できるわけがない。だから、期待しない人間になっていた。しかし、期待はしないが、心がけていたことがある。それは、やり始めたらベストを尽くすということ。すると、十回に一回は誰かが手を差し延べてくれる。そうすると、何も期待していないだけに、すべてがプラスになり幸福を感じる。生きる気力も増してくるのである。マイナス思考は、それ以上不幸になりようがない。だから、私は自分を救えた。それが私のリアルである。

おわりに

私は、戦場を取材していていつも不甲斐ないと思うことがある。報道は一方で人々に事実を知らせるという意味で正義の面があるが、もう一方では火事場泥棒であるからだ。人間の不幸を商売にしている面があるのである。だから、いつか人々の役に立つ報道をしたい。スキャンダルではなく、人類の英知と歴史の糧《かて》となる報道をしたいと願っている。

北海道のアイヌの人たちが「熊祭り」というのをやっていたというが、なぜ、彼らは熊に対して祈るのだろうか。彼らは、熊を食す。そのために殺す。それは熊にとってあまりにも残酷なことだ。人間の持っている原罪だ。だから、彼らは祈らずにはいられないのだろう。それと同じように、私はいつもジャーナリストにとっての「熊祭り」は何だろうと考える。少なくとも、自分は原罪を背負っていることを自覚することだろうと思っていた。

ところが、最近そんな私のジャーナリストとしての姿勢を踏みにじる事件が起こった。私のよく知るジャーナリストが、ある国の重要人物から言葉巧みに心境を聞き出し、それを綴《つづ》った本を出版した。本人は「本を出すのをやめてほしい。口外しないでほしい」と彼に哀願したという。理由は、公になると殺されるからだという。それでもそのジャーナリストは「人々には知る権利がある」と公表した。正義を盾に公にしたのである。現実に、その人物は暗殺された。

いくらニュースといえども、取材相手から「書くのをやめてほしい」と頼まれれば、書かないのがスジというものである。ましてや、相手の命がかかっていればなおさらである。報道は、一人の人間の命を奪ってまで行うほどの正義は持たない。それは人間としての基本的な礼儀だと思う。それが、取材源を守るということだ。

シナリオ作家の倉本聰が、最近書いた連続ドラマ『やすらぎの郷』の中で、主人公のシナリオライターに言わせている。「いくら何百万人の視聴者を喜ばせても、そのために、一人の人間を傷つけてしまったら何にもならない。それが、脚本を書く上での鉄則だ」と。

倉本が言うのは、フィクションの世界での話だ。フィクションの話でさえそうなら、ジャーナリズムというノンフィクションの世界でなら、なおさら重要な倫理観だ。

私はそのジャーナリストの行為にヘドが出そうになった。彼は熊祭りを必要としない。なぜなら、〝正義〟でやったことだからだ。

私は戦争を報道する時、正義や平和を語ったことはなかった。この事件をきっかけに、ますます正義を語るまいと強く思った。

この本を書く時、私は、「なぜ戦争は起きるのか」という命題で書こうと思っていたのだが、私の体験談で本の一冊分は終わってしまった。「体験を書いてほしい」というのは、平凡社新書編集部の金澤智之編集長からの強い要望でもあった。彼のお陰で、この本ができたといっても過言ではない。感謝、感謝である。

二〇一八年二月

吉岡逸夫

吉岡逸夫作品リスト

写真集

『わがエチオピア人』ブロンズ社　一九七八

ノンフィクション

『厳戒下のカンボジアを行く』東京新聞出版局　一九九四
『漂泊のルワンダ』TBSブリタニカ　一九九六、牧野出版（復刊）二〇〇六
『青年海外協力隊（ボランティア）の正体』三省堂　一九九八
『いきあたりバッチリ』新潮OH!文庫　二〇〇〇
『なぜ記者は戦場に行くのか』現代人文社　二〇〇二
『イラクりょこう日記』エクスナレッジ　二〇〇四
『イスラム銭湯記』現代人文社　二〇〇四
『人質』ポプラ社　二〇〇四（共著）
『なぜ日本人はイラクに行くのか』平凡社新書　二〇〇五
『「平和憲法」を持つ三つの国』明石書店　二〇〇七

『嘆きの天使』ロングセラーズ　二〇〇七
『ミャンマー難民キャンプ潜入記』出版メディアパル　二〇〇八
『まごころレストラン』ポプラ社　二〇〇八
『政治の風格――総理をめざした外交官伴正一の生涯』高陵社書店　二〇〇九
『TOKYO発 奇跡の最終面』燦葉出版社　二〇一〇
『当たって、砕けるな！青年海外協力隊の流儀』高陵社書店　二〇一〇
『白人はイルカを食べてもOKで日本人はNGの本当の理由』講談社＋α新書　二〇一一
『東日本大震災に遭って知った、日本人に生まれて良かった』講談社＋α新書　二〇一二
『報道犬フータ、熊野を行く』現代人文社　二〇一二
『夜の放浪記』こぶし書房　二〇一七

小説

『クロスロード』ロングセラーズ　二〇一五

劇映画

『クロスロード』二〇一五　エグゼクティブ・プロデューサー

ドキュメンタリー映画

『アフガン 戦場の旅 記者たちは何を見たのか』二〇〇一　監督・撮影・編集・ナレーション

『祈りのニューヨーク』二〇〇二　監督・撮影
『笑うイラク魂 民の声を聞け』二〇〇三　監督・撮影
『戦場の夏休み 小学二年生の見たイラク魂』二〇〇四　監督・撮影・出演
『人質』二〇〇五　監督・撮影

読者の皆様へ

二〇一八年二月十三日、夫・吉岡逸夫は六十六歳にて永眠いたしました。

本人が切望したとおり、自宅にて文字通り眠ったまま、安らかな最期でした。

病が発覚してから約八か月間、ガン治療について、終末医療について、終活について、鋭意〝取材〟しておりました。

旅立ちの数日前に、文章と音声で、お世話になった皆様へのメッセージを残しました。

感謝の言葉に加えて「楽しかった」とありました。

本当に楽しい人生だったと思います。ありがとうございました。

吉岡詠美子

【著者】
吉岡逸夫（よしおか いつお）
1952年愛媛県生まれ。元東京新聞編集委員。米国コロンビア大学大学院修了。青年海外協力隊員としてエチオピア国営テレビ局、飢餓難民救済委員会に勤務した後、新聞社カメラマン、記者として世界69か国を取材。1993年、94年に東京写真記者協会賞を受賞。著書に『漂泊のルワンダ』（牧野出版、開高健賞奨励賞）、『なぜ日本人はイラクに行くのか』（平凡社新書）、『白人はイルカを食べてもOKで日本人はNGの本当の理由』（講談社＋α新書）、『夜の放浪記』（こぶし書房）ほか多数。2018年2月13日に逝去。

平凡社新書880

戦場放浪記

発行日——2018年5月15日　初版第1刷

著者———吉岡逸夫
発行者——下中美都
発行所——株式会社平凡社
東京都千代田区神田神保町3-29　〒101-0051
電話　東京（03）3230-6580［編集］
東京（03）3230-6573［営業］
振替　00180-0-29639
印刷・製本—株式会社東京印書館
装幀———菊地信義

ISBN978-4-582-85880-8
NDC分類番号070.16　新書判（17.2cm）　総ページ256
平凡社ホームページ　http://www.heibonsha.co.jp/